Jean Laplanche

Ein biologistischer Irrweg in Freuds Sexualtheorie

Das Anliegen der Buchreihe BIBLIOTHEK DER PSYCHOANALYSE besteht darin, ein Forum der Auseinandersetzung zu schaffen, das der Psychoanalyse als Grundlagenwissenschaft, als Human- und Kulturwissenschaft sowie als klinische Theorie und Praxis neue Impulse verleiht. Die verschiedenen Strömungen innerhalb der Psychoanalyse sollen zu Wort kommen, und der kritische Dialog mit den Nachbarwissenschaften soll intensiviert werden. Bislang haben sich folgende Themenschwerpunkte herauskristallisiert:

Die Wiederentdeckung lange vergriffener Klassiker der Psychoanalyse – beispielsweise der Werke von Otto Fenichel, Karl Abraham, Siegfried Bernfeld, W.R.D. Fairbairn, Sándor Ferenczi und Otto Rank – soll die gemeinsamen Wurzeln der von Zersplitterung bedrohten psychoanalytischen Bewegung stärken. Einen weiteren Baustein psychoanalytischer Identität bildet die Beschäftigung mit dem Werk und der Person Sigmund Freuds und den Diskussionen und Konflikten in der Frühgeschichte der psychoanalytischen Bewegung.

Im Zuge ihrer Etablierung als medizinisch-psychologisches Heilverfahren hat die Psychoanalyse ihre geisteswissenschaftlichen, kulturanalytischen und politischen Bezüge vernachlässigt. Indem der Dialog mit den Nachbarwissenschaften wieder aufgenommen wird, soll das kultur- und gesellschaftskritische Erbe der Psychoanalyse wiederbelebt und weiterentwickelt werden.

Die Psychoanalyse steht in Konkurrenz zu benachbarten Psychotherapieverfahren und der biologisch-naturwissenschaftlichen Psychiatrie. Als das ambitionierteste unter den psychotherapeutischen Verfahren sollte sich die Psychoanalyse der Überprüfung ihrer Verfahrensweisen und ihrer Therapieerfolge durch die empirischen Wissenschaften stellen, aber auch eigene Kriterien und Verfahren zur Erfolgskontrolle entwickeln. In diesen Zusammenhang gehört auch die Wiederaufnahme der Diskussion über den besonderen wissenschaftstheoretischen Status der Psychoanalyse.

Hundert Jahre nach ihrer Schöpfung durch Sigmund Freud sieht sich die Psychoanalyse vor neue Herausforderungen gestellt, die sie nur bewältigen kann, wenn sie sich auf ihr kritisches Potenzial besinnt.

BIBLIOTHEK DER PSYCHOANALYSE
HERAUSGEGEBEN VON HANS-JÜRGEN WIRTH

Jean Laplanche

Ein biologistischer Irrweg in Freuds Sexualtheorie

Aus dem Französischen
von Bettina Lindorfer

Herausgegeben und mit einem Vorwort
von Udo Hock

Psychosozial-Verlag

Titel der französischen Erstausgabe:
Le fourvoiement biologisant de la sexualité chez Freud

Die vorliegende Übersetzung folgt der 2006 erschienenen
französischen Taschenbuchausgabe:
Problématiques VII: Le fourvoiement biologisant de la sexualité chez Freud suivi de Biologisme et biologie. PUF, Paris 2006

Die Übersetzung des vorliegenden Buches
wurde durch eine Zuwendung der Fondation Jean Laplanche finanziert.

Bibliografische Information der Deutschen Nationalbibliothek
Die Deutsche Nationalbibliothek verzeichnet diese Publikation
in der Deutschen Nationalbibliografie; detaillierte bibliografische Daten
sind im Internet über http://dnb.d-nb.de abrufbar.

Deutsche Erstausgabe

E-Mail: info@psychosozial-verlag.de
www.psychosozial-verlag.de

Umschlagabbildung: Jean Laplanche, Paris, 5. Mai 1994
© Mélanie Gribinski, www.melaniegribinski.com
Umschlaggestaltung & Innenlayout nach Entwürfen von Hanspeter Ludwig, Wetzlar
Satz: metiTec-Software, me-ti GmbH, Berlin
www.me-ti.de
ISBN 978-3-8379-3014-6

Inhalt

Zur Einführung

Mit dem vorliegenden Band *Problematiken VII. Ein biologistischer Irrweg in Freuds Sexualtheorie* beginnt ein neuer Abschnitt in der Veröffentlichung der Schriften von Jean Laplanche in deutscher Sprache. Denn zum ersten Mal wird nun auch eine seiner berühmt gewordenen Vorlesungen, die er an der Sorbonne (Université Paris VII) gehalten hatte, ins Deutsche übersetzt. Genauer gesagt, handelt es sich um seine letzte Vorlesung, die vom 19. November 1991 bis zum 25. Februar 1992 stattfand. Ich selbst hatte zum damaligen Zeitpunkt das Privileg, im Rahmen meiner Dissertation an dieser Veranstaltung teilzunehmen. Sie fand in einem nicht allzu großen Hörsaal statt, und es nahmen etwa 80 bis 100 Personen daran teil, darunter viele, die ihr im Rahmen des Diplôme d'études approfondies (DEA) folgten. Das DEA war in Frankreich ein sogenanntes Vorbereitungsjahr für die Doktorarbeit.

Bereits während der Vorlesungszeit kursierten Manuskripte der einzelnen Sitzungen. 1993 kam es zu einer ersten Veröffentlichung unter dem Titel *Le fourvoiement biologisant de la sexualité chez Freud* (im Verlag Les empêcheurs de penser en rond), dann im gleichen Verlag 2000 zu einer Neuauflage unter dem Titel *La sexualité humaine*; diese Ausgabe wurde zugleich um den Aufsatz »Biologisme et biologie« erweitert. Schließlich wurde bei PUF eine textlich identische dritte Auflage unter dem Titel *Problématiques VII. Le fourvoiement biologisant de la sexualité chez Freud.* Suivi de: *Biologisme et biologie* (2006) veröffentlicht, die jetzt ein zusätzliches »Avertissement«, also einen kurzen Hinweistext enthielt, in dem Laplanche den Text unter anderem in den universitären Kontext stellte, in dem er entstanden war.

Denn tatsächlich hatte Laplanche bereits seit 1969 regelmäßige Vorlesungen an der Universität gehalten, die anschließend in der Reihe *Problématiques* erschienen waren. Mit dem Titel dieser Reihe zielt Laplanche darauf ab, Problemstellungen aufzuzeigen, wo andere Lösungen favorisieren. »Problématiques« erinnert aber auch daran, in der Nachfolge Freuds die Theorie, die Geschichte und auch die Klinik der Psychoanalyse mit ihrer eigenen, mit der analytischen

Methode, anzugehen, um zu neuen, bisher verschütteten Erkenntnissen über das Unbewusste zu gelangen. Bekanntlich hat sich Laplanche nie gescheut, Widersprüche im Begriffsinstrumentarium der Psychoanalyse aufzuzeigen, um dadurch zu Vertiefungen und endlich zu wahrhaften theoretischen Durchbrüchen zu gelangen.

Aus dieser Zeit seiner Lehre an der Sorbonne (Université Paris VII) sind nacheinander folgende Vorlesungszyklen entstanden: *Problématiques I. L'angoisse* (1970–1973 abgehalten, 1980 erschienen), *Problématiques II. Castration – Symbolisations* (1973–1975 abgehalten, ebenfalls 1980 erschienen), *Problématiques III. La sublimation* (1975–1977 abgehalten, ebenfalls 1980 erschienen), *Problématiques IV. L'inconscient et le ça* (1977–1979 abgehalten, 1981 erschienen), *Problématiques V. Le baquet – Transcendance du transfert* (1979–1984 abgehalten, 1987 erschienen), *Problématiques VI. L'après-coup* (1989–1990 abgehalten, 2006 erschienen) und schließlich die bereits erwähnten *Problématiques VII. Le fourvoiement biologisant de la sexualité chez Freud* (1991–1992 abgehalten, in dieser Reihe 2006 erschienen). Wie bereits die Titel deutlich machen, handeln die Vorlesungen im Wesentlichen von den großen Grundbegriffen der Psychoanalyse (Angst, Kastration, Sublimierung, das Unbewusste, die Übertragung, die Nachträglichkeit), die Laplanche insbesondere in Auseinandersetzung mit dem Freud'schen Werk diskutiert. All diese Bände sollen in den nächsten Jahren ins Deutsche übertragen werden.

Es fällt auf, dass die *Problématiques VII* keinem Grundbegriff Freuds gewidmet sind, sondern stattdessen einen »fourvoiement«, einen »Irrweg« Freuds ins Visier nehmen. Tatsächlich steht aber auch in diesem Vorlesungszyklus ein Begriff im Mittelpunkt der Beschäftigung Laplanches, den er zunächst selbst zusammen mit Jean-Bertrand Pontalis im Freud'schen Werk entdeckt hatte, um ihn nun in einer erneuten spiralförmigen Bewegung einer kritischen Neubewertung zu unterziehen. Ich meine den Begriff der »Anlehnung«, den Laplanche genau wie die Nachträglichkeit ein »Parakonzept« nennt, insofern er überhaupt erst in der Übersetzungsarbeit als ein bei Freud wiederkehrender Terminus entdeckt worden sei und erst in der Folge durch die Arbeit Laplanches Begriffsstatus erlangt hatte. Doch interessanterweise hat die Anlehnung innerhalb seines Werkes ein ganz anderes Schicksal erfahren als die Nachträglichkeit. Während Laplanche auf letztere regelrechte Lobgesänge anstimmt und sie zum Zeitlichkeitsmodus der Psychoanalyse erklärt (vgl. dazu insbesondere *Problématiques VI*), kommt es in den *Problématiques VII* zu einem Abgesang auf das Konzept der Anlehnung. Ja, »Anlehnung« hatte einst bei Freud eine ganz zentrale Rolle inne, insofern sie die Unterscheidung zwischen Selbsterhaltung und Sexualität begrifflich fasst.

Denn »Anlehnung« bedeutet ja im Freud'schen Text nichts anderes, als dass sich die Sexualtriebe uranfänglich an die von Freud so genannten Selbsterhaltungstriebe anlehnen: »An der Frauenbrust treffen sich Liebe und Hunger«, hatte Freud poetisch in der *Traumdeutung* geschrieben und damit seine eigene Anlehnungstheorie auf den Punkt gebracht. Nun geht aber Laplanche im vorliegenden Text andere Wege, weil der Terminus der Anlehnung letztlich keine befriedigende Antwort gibt auf die Frage, woher überhaupt die Sexualität kommt in dieser Urszene menschlichen Trieblebens. Laplanche stellt fest, dass *Anlehnung* eine endogene Konzeption der Sexualität suggeriert, in der sich das Kind gleichsam wie durch ein Wunder im Stillen an der Mutterbrust seine eigene infantile Sexualität erschafft. Genau diese Sackgasse nennt Laplanche »biologistische Verirrung«, denn die infantile Sexualität erscheint hier gleichsam genetisch verankert, ohne dass Freud dafür Gründe anführen würde. Die große dialektische Wende in dieser Auseinandersetzung mit dem Ursprung der infantilen Sexualität besteht nun darin, dass Laplanche vor dem Hintergrund seiner Allgemeinen Verführungstheorie das Primat des Anderen ins Spiel bringt. In diesem Lichte besehen, ist das Stillen als Szene der Anlehnung par excellence nur deshalb auch ein sexueller Akt, weil die stillende Mutter im Nähren und Pflegen ihre eigene verdrängte Sexualität als rätselhafte Botschaft an das Kind weitergibt. Deshalb heißt es immer wieder, auch im vorliegenden Text, dass die Verführung die Wahrheit der Anlehnung darstelle.

Durch diese Umwertung verliert die Anlehnung schließlich an Bedeutung, ja sogar ihren konzeptionellen Status. Sie spielt innerhalb der Entwicklung des Denkens von Laplanche die Rolle eines »vanishing mediator«: Nach der Etablierung der Allgemeinen Verführungstheorie fällt ihr keine besondere Aufgabe mehr zu und sie verschwindet mehr und mehr aus seinen Betrachtungen.

Mit welchen raffinierten Winkelzügen Laplanche zu diesem alles in allem erstaunlichen Ergebnis kommt – erstaunlich, da er ja selbst zunächst die Anlehnung aus dem Freud'schen Werk gleichsam freigeschaufelt hatte –, zeigt der vorliegende Vorlesungszyklus in großer Brillanz, die in der analytischen Szene ihresgleichen sucht.

Udo Hock

Hinweis

Ich habe in meiner öffentlichen Lehrtätigkeit seit 1962 an der École Normale Supérieure und an der Sorbonne, seit 1969 am Fachbereich der Klinischen Humanwissenschaften in Paris VII entlang einiger Hauptachsen der psychoanalytischen Theorie einen Weg beschritten, für den Problematisieren und Interpretieren charakteristisch sind. Diese Vorlesungen sind hier unter dem allgemeinen Titel *Problemstellungen* ab dem Jahr 1970/71 zusammengestellt. Der vorgetragene Text wurde nur insoweit verändert, als es für die Veröffentlichung notwendig war.

Die Themen der aufeinander folgenden Jahre folgen keiner vorab festgelegten Logik: Wegweisend sind vielmehr zum einen der Inhalt und zum anderen meine persönliche Entwicklung. Dass die Texte ohne große Mühe in einer Reihe von Bänden zusammengestellt werden konnten, habe ich erst nachträglich realisiert.

Das Studienjahr wird meist durch eine mehr oder weniger lange methodologische Einleitung eröffnet. Diese Einleitungen – sie sind kursiv gedruckt – entheben mich der Aufgabe, die zentralen Ideen hier noch einmal zu wiederholen. Sie zeigen, dass ich die Art und Weise meines Vorgehens ständig überdenke, insbesondere auch die Frage, ob es legitim ist, dies »an der Universität« zu tun.

Je nach Veranlagung und Offenheit können die Leser auf diese Veröffentlichung auf zwei Arten reagieren. Entweder führt sie der offenkundige Klassizismus der Begriffe, die häufigen kritischen Kommentare, und dass ein Thema wiederkehrt und immer wieder verhandelt wird (was damit zu tun hat, dass ich mich jedes Jahr an eine größtenteils neue Zuhörerschaft wende) dazu, diese Texte als ein Extrembeispiel der allzu verrufenen »Freud'schen« Exegese anzusehen; oder sie bringen meinem Vorgehen Geduld und Wohlwollen entgegen und können manche Vertiefungen oder manche Vorstöße annehmen, so dass im Extremfall gewisse Scharniere bis zum Knirschen belastet, gewisse Begriffe zum Abdriften gebracht werden. Es geht hier darum, das Freud'sche Denken »zum Arbeiten zu bringen« – in allen Bedeutungsrichtungen dieses Ausdrucks.

Dabei können uns drei Modelle helfen, um sowohl diese Arbeit des Denkens als auch die »treulose Treue« in meinem Vorgehen besser zu verstehen: die *Anforderung*, die *Spirale*, die *Verirrungen*.

Die *Anforderung* meint hier zunächst nicht die des Denkers Freud, wie streng er auch sein mag, sondern sie rührt von seinem Objekt selbst her, diesem gebieterischen Objekt, das ihn von seinen ersten Arbeitsjahren an bis zum Schluss magnetisiert. Das Objekt, das diese Anforderung stellt, ist nichts anderes als das Unbewusste, das einerseits unbestreitbar ist und andererseits unmöglich vollständig erfasst werden kann. Über dieses Unbewusste kann man immerhin bestimmte Aussagen treffen, insbesondere, dass es durch und durch sexuell ist.

Die *Spirale* ist eine Kurve, die sich von einem sie magnetisierenden fixen Punkt aus nach oben bewegt. Auf diesem Weg durchläuft das Denken in regelmäßigen Abständen die gleiche vertikale Linie. Bei jeder Umdrehung wird das Problem angereichert oder ändert sogar sein Aussehen. Aber jede spiralförmige Umdrehung »hebt sich ab« von der vorhergehenden, und markiert einen Fortschritt.

Die *Verirrung* schließlich ist nicht loszulösen von der Anforderung, weil sie eine Konsequenz daraus ist: Der zu einem von Nebelschwaden umhüllten Gipfel hingezogene Alpinist kann sich auf einmal in eine ausweglose Lage manövrieren: Soll er kühn immer weiter gehen oder soll er zur letzten Abzweigung zurückgehen? Und zu welchem Preis?

Die Verirrungen ausfindig zu machen und sie zu beschreiben, ermöglicht es die grundlegenden Problemstellungen klarer zu sehen, die im Begriffswirrwarr häufig schwer fassbar sind. Indem man auf diese Weise eine Lehre problematisiert, die allzu oft nur wiedergekäut wird, kann sich eine andere, eine von ihren Schlacken befreite *Thematik* herausbilden, nämlich diejenige, die ich vorgeschlagen habe »allgemeine Verführungstheorie« zu nennen und die dann in anderen Büchern und Artikeln entwickelt werden wird.

Vorwort

1970 entwickelte ich in *Leben und Tod in der Psychoanalyse* den Begriff der Anlehnung der Sexualität an die Selbsterhaltungsfunktionen. Die Verführung spielte zu diesem Zeitpunkt schon eine Rolle, sollte jedoch in der Folge eine immer zentralere Position in meinem Denken einnehmen. Nach den *Neuen Grundlagen für die Psychoanalyse* (2011, frz.: 1987) musste ich auf den Spuren Freuds das, was ich seine »biologistische Verirrung« nenne, noch einmal durchgehen.

Nachdem Freud die Verführungstheorie aufgegeben hatte, war die Rückkehr zu einer rein endogenen Auffassung von der Sexualität unausweichlich: Obwohl ein in der Phylogenese verankerter Instinkt anfangs bestritten wird, kann sich das Freud'sche Denken letztlich nicht davon freimachen.

Ich werde in diesem Buch drei Momente dieser Verirrung betrachten:

1. Die Anlehnungstheorie, die behauptet, dass es eine Emergenz der Sexualität ausgehend von der Selbsterhaltung gibt. Diese von Freud nur skizzenhaft ausgeführte Theorie ist unserer Meinung nach nicht in einer rein endogenen Interpretation haltbar. Ihre inneren Widersprüche, die im Folgenden ausführlich analysiert werden, weisen auf das hin, was ihr fehlt: Die Abspaltung einer im eigentlichen Sinne sexuellen Ebene in der Biologie des Kindes wird nur ausgehend vom *Handeln des Anderen* verständlich.
2. Mit der »Einführung in den Narzißmus« (1915) ergab sich die Möglichkeit einer fruchtbaren Umgestaltung durch die klare Unterscheidung von drei Ebenen: die Ebene der Selbsterhaltung, die sexuell-erotische und die sexuell-narzisstische Ebene. Es zeichnete sich sogar das Handeln des erwachsenen Anderen als Ausgangspunkt für die Wahl des sexuellen Objekts ab.
3. Aber schon bald kündigt sich die letzte Triebtheorie an, die diese unentbehrlichen Unterscheidungen wieder wegwischt. Unter dem Leitbegriff eines vereinigenden Eros wird am Ende in mythischer Verkleidung die Rückkehr zum Instinkt vorgeschlagen. Gewiss taucht der »Todestrieb« auf, um den Konflikt aufrechtzuerhalten, aber er ist ein Mischkonzept, in dem Freud und seine Nachfolger sich weigern, die Rückkehr der »dämonischen« Sexualität

zu erkennen. Sobald seine historische Funktion richtig verstanden wird, dass er nämlich die anfängliche Verirrung ausgleichen soll, hat das psychoanalytische Denken ein Interesse daran, sich seiner zu entledigen.

Eine *biologistische* Verirrung Freuds anzuprangern, heißt keineswegs, die Biologie beim Menschen anzuprangern[1]. Im Gegenteil möchten wir ihr wieder einen positiven, nicht mythologischen Raum zugestehen; wir möchten genaue Forschungen ermöglichen über die Art und Weise, wie die sexuellen Phantasien das biologische Funktionieren in Beschlag nehmen, vom Weg abbringen und sich darauf stützen; die Ethologie des Menschen beginnt erst, dieses Funktionieren genauer zu beschreiben.

(Vorlesung im Rahmen des DEA[2] de Psychoanalyse an den Universitäten Paris VII, Paris X, Paris XIII)

1 Der Terminus »biologistisch« hat zu Missverständnissen geführt. Ich prangere nicht die Biologie an, sondern die genetische, hereditäre, phylogenetische Theorie, die die Freud'sche Metapsychologie seit der Aufgabe der Verführungstheorie durchgehend beherrscht hat.

2 [*DEA* steht für *Diplôme d'études approfondies*; es handelt sich um das erste Studienjahr auf dem Weg zur Doktorarbeit in Frankreich; A. d. Ü.]

I Die biologistische Verirrung der Sexualität bei Freud

19. November 1991

Freud als Verursacher der Verirrungen des Freudianismus

Ich gebe meiner diesjährigen Lehre den kantigen Titel »Verirrungen des Freudianismus« oder »Verirrungen des Freud'schen Denkens«. Ich verstehe darunter, dass ich nicht nur die Freudianer infrage stelle, sondern Freud selbst: Es geht um Verirrungen Freuds und in der Nachfolge Freuds.

Von zwei ganz unterschiedlichen Lagern, die allerdings in diesem Punkt übereinstimmten, wurde ich kürzlich als *Revisionist* bezeichnet. Über diesen Terminus, dem ja ein alter stalinistischer Beigeschmack anhaftet, musste ich lächeln. Ich will keine Namen nennen, aber deutlich machen, dass ich mit dieser Stigmatisierung nicht einverstanden bin; denn was ich versuche, ist etwas anderes als eine Revision. Man revidiert seinen Vortrag, einen Text, aber es geht nicht darum, Freud zu revidieren.

Man hat gesagt, dass ich *das Gleichgewicht* des Freud'schen Denkens in Gefahr brächte, was unmittelbar zur Frage führt, welcher Art das hier thematisierte Gleichgewicht ist; das Gleichgewicht eines Denkens im Allgemeinen, aber besonders des hier infrage stehenden. Handelt es sich um ein schönes Gebäude, von dem man keinen Flügel, keinen einzigen Teil wegnehmen darf? Muss man es als Ganzes übernehmen – weil man sonst als Abweichler gilt –, so wie man über Jahrhunderte das aristotelische Denken übernommen hat, und wie man heute noch in manchen Kreisen mit den heiligen Texten umgeht? Geht es darum, ein Talmudist zu sein?

Ist das Freud'sche Denken ein schönes Gebäude? Muss man es als Ganzes übernehmen oder soll man auswählen? Natürlich weder das eine noch das andere. Ich würde sagen: Man muss es in seiner Gesamtheit kennen, aber genau dann, wenn man es in seiner Gesamtheit kennt, muss man auch fähig sein, das zu erkennen, was in ihm *falsches*, instabiles Gleichgewicht, Flickwerk ist, und versuchen, die Spitzhacke oder das Messer in die Risse zu stoßen.

Freud selbst beschuldigt die Abweichler, Jung oder Adler – seine zwei großen Dämonen, die ehrlich gesagt diese Ehre und diese Verteufelung kaum verdienen, – einseitig diesen oder jenen Aspekt seines Denkens überzubetonen. Und in der Tat, wenn man eine Freud'sche Seite auf Kosten einer anderen betont, ohne zu berücksichtigen, was sie in ihrer Gesamtheit bedeuten, dann ist das völlig unzureichend.

Was heißt es also, »Freud mit Freud zu interpretieren«, um den Titel einer meiner Texte wieder aufzugreifen[3]? Es heißt sicher nicht, *eine Hermeneutik* Freuds zu *betreiben*, das heißt Freud in ein anderes, vermeintlich besseres System als das seine zu übertragen: Dieser Versuchung sind Jung und viele andere erlegen; vielleicht sogar, in gewisser Weise, Lacan. Denn damit würde man Freuds Misstrauen gegenüber dem System – gegenüber jedem System – vergessen.

Freud mit Freud zu interpretieren, heißt auch nicht, Freud einer Psychoanalyse zu unterziehen, in dem Sinne, in dem manche Autoren dies mehr oder weniger erfolgreich getan haben[4]. Eine Psychoanalyse Freuds scheint mir nicht dahin zu führen, wo ich hinkommen möchte.

Freud interpretieren: der Anforderung auf der Spur, geleitet vom Quell-Objekt

Ich denke, dass es eine Ebene der Interpretation gibt, die es erlaubt, bei Freud dem auf die Spur zu kommen, was ich seit Langem Anforderung nenne. Die Anforderung ist etwas, das vom *Objekt* vorgeschrieben wird: nicht vom Menschen Freud noch von der Logik. In gewisser Weise gilt, so wie dies für die psychoanalytische Methode gilt, dass das »unbewusste« Objekt die Entwicklung des Denkens lenkt. Freud mit Freud auf der Ebene der Anforderung zu interpretieren heißt, Freuds eigene Regeln der Auflösung auseinanderzunehmen, sie *mutatis mutandis* anzupassen, um gegebenenfalls zu sehen, wie sich die Dinge unter unseren Augen anders wieder zusammenfügen – ausgehend von der Anforderung des Objekts. Es bedeutet, wie in einer Psychoanalyse, die unterirdischen Bewegungen aufzuspüren, die die sichtbaren Umbildungen steuern, es bedeutet, in gewissen Momenten eine Art von Krypto-Freud aufzudecken, der vom offiziellen Freud verdeckt ist. Ich habe mehr als einmal erwähnt, wie gut es Freud versteht, beim Schreiben seiner eigenen Geschichte die Spuren zu verwischen oder auch sie auszuschmücken[5].

---

3 [Der dt. Titel lautet »[Mit] Freud deuten«. in Laplanche, 2017, S. 7–32; A. d. Ü.].

4 Siehe zum Beispiel die bemerkenswerten Arbeiten von Didier Anzieu.

5 Ein Beispiel, wie wir uns dieses Vordringen zu einem Krypto-Freud vorstellen, nicht zu einem esoterischen Freud, sondern zu einer unterirdischen Strömung bei Freud, die dauernd wieder verdeckt wird, ist Jacques Andrés Artikel »La sexualité féminine, retour aux sources« [»Die weibliche Sexualität, zurück zu den Quellen«; A. d. Ü.]; vgl. André (1991).

Was bedeutet es, zu den Quellen zurückzukehren? Ein Krypto-Freud ist ganz gewiss kein Proto-Freud. Es geht nicht darum, so wie man auf der Suche war nach einem ersten Marx oder einem ersten Hegel, zu einem ersten Freud zu gelangen, der wahrer wäre als der zweite. Auch wenn es sein kann, dass dieser erste Freud in gewissen Momenten näher an der »Anforderung« ist, warum würde ihr der spätere Freud zu einem anderen Zeitpunkt nicht ebenso nah sein? Es geht also nicht um eine Rückkehr zu den zeitlichen Quellen. Hölderlin sagt, dass der Fluss sich der Quelle nähert, wenn er zur Mündung fließt – ein dialektisches Denken, dessen Verwandtschaft mit Hegel unverkennbar ist. Ja genau, darum geht es in etwa; nicht die »Quellen«, ein illusorisches »Erstes« auszugraben, sondern das wiederzufinden, was *die* Quelle ausmacht und was immer wieder verdeckt wird, so wie eine Quelle sich plötzlich, an den sogenannten »Sickerstellen«, in Windungen verliert, um später aus dem unterirdischen Lauf wieder an die Oberfläche zu treten. Genau darum geht es: Die Quelle der Inspiration ist nichts anderes als das Objekt der Forschung.

Ich habe die Idee der Verirrung eingeführt; dabei gehe ich davon aus, dass die Suche desjenigen, der sich verirrt, weiterhin vom Ziel geleitet wird. Derjenige, der den Gipfel des Everest erklimmen will, sich verirrt und plötzlich an einer Steilwand ankommt, wird natürlich vom Everest geleitet, angetrieben von der Idee, die er vom Gipfel hat. Dies setzt also die Anforderung voraus, irgendwo anzukommen, aber auch Weggabelungen, Wahlmöglichkeiten und an bestimmten Punkten sogar der Weg in eine Sackgasse, den man einschlägt, weil er sich anbietet. Und natürlich genügt es nicht, im Denken einfach umzukehren, so wie man an die Kreuzung zurückgeht, um die richtige Richtung, den Königsweg, einzuschlagen. Denn bei einem Denker wie Freud handelt es sich nie nur um eine einfache Sackgasse, da ja der Forscher unablässig von seinem Hauptziel geleitet wird; das heißt, um das Bild des Alpinisten wiederaufzugreifen, dass er auch dann, wenn er an der unüberwindbaren Steilwand ankommt, andere Wege findet, ohne notwendigerweise zum Gabelungspunkt zurückzukehren, immer angetrieben durch die Anforderung, den Gipfel zu erklimmen.

Wir wollen außerdem keineswegs behaupten, dass es nichts Neues gebe im Freud'schen Denken. Mit fortschreitender Erfahrung und Methode gibt es neue Entdeckungen; genau das macht alles so kompliziert. In dem Moment, in dem ein Denken – obwohl es von der Anforderung seines Quellobjekts geleitet ist – auf so etwas wie einen grundlegenden Irrweg gerät (vielleicht wird der Irrweg ganz am Anfang eingeschlagen, auch wenn ich einem zeitlich »Anfänglichen« gegenüber meine Vorbehalte habe), nehmen Nachbesserungen, die die neuen Tatsachen integrieren und gleichzeitig zum Gipfelweg zurückführen sollen, oft die Form von *ad-hoc*-Hypothesen an. Diese werden für einen bestimmten Zweck aufgestellt, um die Tatsachen mit einer Theorie in Einklang zu bringen, die sich ihnen aber nicht zwangsläufig beugt[6].

Einen Irrweg aufzuzeigen, bedeutet zweifellos, den Irrtum, den falschen Weg nachzuweisen, aber es bedeutet auch, zu versuchen, die Gründe dafür zu nennen, und hier verkomplizieren sich die Dinge: Keine Verirrung passiert einfach so, keine geschieht grundlos. Aber wie können wir uns zurechtfinden, wenn der Hauptgrund der Verirrung immer wieder das *Objekt* ist? Wenn das Objekt der Hauptgrund nicht nur für die wahre Anforderung ist, sondern auch für die Umwege und die Sackgassen auf dem Weg zum Wahren?

»Die Theoreticogenese reproduziert die Ontogenese«

Selbst im Werk Freuds wird das Unbewusste und die Sexualität verdeckt; insofern reproduziert auch dieses Werk noch ein wesentliches Charakteristikum des Menschseins. Ich habe das durch eine Formel auszudrücken versucht, die das Haeckel'sche Gesetz parodiert, wonach »die Ontogenese die Phylogenese reproduziert«, nämlich: »Die Theoreticogenese«, das heißt die Theorieentwicklung mit all ihren Wandlungen, neigt dazu, die Ontogenese zu reproduzieren, und das bezieht sich insbesondere auf das Schicksal der Sexualität und des Unbewussten beim Menschen.

Dieser Entwicklung des Freud'schen Werkes muss ich, um die Dinge noch komplizierter zu machen, meine eigene Entwicklung hinzufügen, die ich oft schon als eine Spirale beschrieben habe. Ich meine damit, dass ich dauernd zu denselben Punkten zurückkomme, aber auf einer Kurve, auf der ich versuche, so gut wie möglich voranzuschreiten, das heißt zugleich zur Quelle des Freudianismus zurückzukehren und von meinen früheren Formulierungen Abstand zu gewinnen (ich denke hier besonders an *Leben und Tod in der Psychoanalyse*). Man könnte sich auch vorstellen, dass sich diese Windungen, so wie Windungen in

6 Der Ausdruck *ad-hoc*-Hilfshypothese findet sich namentlich bei Popper in diesem Sinn: Eine durch bestimmte Tatsachen eigentlich widerlegte Theorie wird durch neue Hypothesen nach Belieben verkompliziert, statt durch eine einfachere und umfassendere Hypothese ersetzt zu werden. *Ad-hoc*-Hypothesen findet man vor allem in bestimmten, in sich recht widersprüchlichen Texten Freuds. Vielleicht kann der Todestrieb als *ad-hoc*-Hypothese bezeichnet werden? Freuds Genie besteht nicht nur in seinem Erfindungsreichtum und der Offenheit gegenüber neuen Tatsachen, sondern auch in der Weigerung, eine gewisse basale Verirrung zu hinterfragen.

der Genetik, ineinander wickeln – aber in solche Spekulationen werde ich nicht einsteigen.

(Hier folgten in der Vorlesung 1991/92 Ausführungen zur ptolemäischen Verirrung des Freudianismus, die der Einleitungsartikel »Die unvollendete kopernikanische Revolution« des gleichnamigen Bandes wiederaufnimmt [Laplanche, 2005 [1992], S. 7–44; A. d. Ü.]).

14. Januar 1992

Was ich vorschlage, »Verirrung« zu nennen (es gibt einige Verirrungen, größere und kleinere, und sie sind alle miteinander verzahnt), ist das Ergebnis eines fast zwangsläufigen Zurückweichens, das man Freud keinesfalls zum Vorwurf machen darf, einem Zurückweichen vor den Konsequenzen, die sich aus der Priorität des Anderen ergeben, bei der Bildung – von was? Des Subjekts? Des Individuums? Der Person? – warum nicht, aber da jeder dieser Termini schon philosophisch besetzt ist, sagen wir: des sexuellen Menschen.

Die entscheidenden Verirrungen

Jede einzelne der entscheidenden Verirrungen kann genau bestimmt werden, durch das, was jeweils aus ihr hervorgeht, damit meine ich durch ihre jeweilige postfreudianische Nachkommenschaft: Die erste Verirrung, die ich hier genauer zu charakterisieren versuche und die eng mit einem Biologismus der Sexualität verknüpft ist, findet ihre direkten Nachkommen in Melanie Klein und ihren Schülern.

Die zweite Verirrung – über die ich bereits teilweise im Zusammenhang mit der »kopernikanischen Revolution« gesprochen habe –, ist die autozentristische oder ipsozentristische Rekonstruktion des Menschen, die die ganze sich auf die Psychoanalyse berufende Psychologie überschwemmt hat.

Schließlich besteht die dritte Verirrung darin, im Kern des Unbewussten das Strukturelle zu verankern, worin die Nachkommen des Lacan'schen Strukturalismus erkennbar werden.

Es gibt noch andere Verirrungen, die den eben genannten meist mehr oder weniger untergeordnet sind, wie zum Beispiel die Phylogenese und der Begriff eines uranfänglichen Es, aber diese ganze Einteilung ist ziemlich künstlich und eher eine Art und Weise, die Dinge darzustellen.

Einen Biologismus zu kritisieren, heißt nicht, die Biologie an den Pranger zu stellen

Mein gegenwärtiges Thema könnte man also den *Biologismus des sexuellen Triebes* nennen, eine Verirrung hin zum Biologischen. Aber dies ist eine gefährliche Formulierung, die man präzisieren muss, denn es geht nicht darum, die Biologie im Namen der Psychologie, oder gar des Psychischen, an den Pranger zu stellen. Dies wäre eine zweifelhafte Option: die Seele gegen den Körper oder die Psychologie gegen die Biologie; dies ist ganz und gar nicht meine Absicht. Es wäre eine ziemlich gewagte Option zu einem Zeitpunkt, zu dem von den sogenannten Neurowissenschaften oder der Neurobiologie aus eine neue Offensive gestartet wird, die sich, einmal mehr die Psychoanalyse zur Zielscheibe nimmt. Die Psychoanalyse ist dauernd aufgefordert, sich gegenüber den Neurowissenschaften zu erklären: Ich kann hier auf diese vielgesichtige Diskussion nicht eingehen, ich habe es bereits einige Male getan und werde es auch wieder tun (vgl. die Interviews in Jaffrin, 1991), jedoch nicht hier. Warum soll sich ausgerechnet der psychoanalytische Gesprächspartner den Neurowissenschaften gegenüber erklären, und nicht irgendeine andere Wissenschaft vom Menschen, etwa die Ästhetik, die Geschichte, die Logik, die Politik usw.? Wie dem auch sei, mein aktuelles Anliegen ist nur sehr indirekt Teil dieser Debatte mit den Neurowissenschaften, auch wenn diese Debatte zur Vorsicht in Bezug auf die verwendeten Termini mahnt.

»Biologismus des sexuellen Triebes«: Was bedeutet das? Dass die Sexualität im Biologischen verankert ist, dass jede sexuelle Erregung zugleich einen phantasmatischen Aspekt und einen somatischen Aspekt hat? In diesem Fall wäre selbstverständlich überhaupt kein Biologismus anzuprangern. Sexualität, auch in den Erscheinungsweisen, die sie beim Menschen annimmt, findet zwangsläufig im Körper statt. Die Verführungstheorie, so wie sie bei Freud verkündet wurde, machte den Weg gewiss schwer: Wie soll man sich im Körper des Kindes diese Spur der Perversion des Anderen vorstellen? Bestünde hier nicht die Gefahr, in einen Idealismus abzugleiten? Die Antwort auf diese Frage ist zu erarbeiten, indem wir die Theorie der allgemeinen Verführung weiterentwickeln. Ich denke vor allem an die letzten Arbeiten von Jacques André zur Genese der weiblichen Sexualität, Arbeiten, die eben nicht am Wesentlichen der vaginalen Sexualität vorbeigehen, wo ein Zusammenhang zwischen einer »kloakal« genannten Empfindlichkeit und Erregung einerseits und erwachsenen Penetrationsphantasien andererseits besteht. Wir müssen in jedem Fall Folgendes deutlich festhalten: Die Verführung ist keine Theorie der Inkarnation des Geistes im Körper. Es gibt auf der einen Seite einen Organismus mit einer biologischen Anlage, die ein Ziel hat (der kleine kindliche Organismus, der am Anfang auf den mehr oder weniger unklaren Zweck der Selbsterhaltung ausgerichtet ist); auf der anderen Seite, auf der Seite des Erwachsenen, sind es vor allem somatische Botschaften, die implantiert werden, untrennbar von den gestischen, mimischen oder akustischen Signifikanten, die sie transportieren.

Das Problem ist somit nicht das der Beziehung Seele-Körper, sondern das des Verzahntseins von sexuellem und selbsterhaltendem Funktionieren, und beide sind unauflösbar psychisch und somatisch. Das alte Problem von Seele und Körper, diesen Gedanken habe ich bereits formuliert, erweist sich in gewisser Weise nicht als gelöst (wer wollte es lösen?), es ist im Freudianismus vielmehr auf eine neue Linie verschoben: nämlich auf die Gelenklinie, die durch Anlehnung und Verführung geschaffen wird. Diese Linie zeigt nicht an, wie das Psychische zum Lebendigen kommt, sondern sie zeigt an, wie das biopsychische Sexuelle zum gleichfalls biopsychischen Menschenkind kommt.

Aufgabe der Verführung: Risiko der Rückkehr zur Heredität

Um in Bezug auf Freuds Theorie der Sexualität von Verirrung zu sprechen, ist es notwendig zu präzisieren, in welchem Sinne diese Theorie der Sexualität vom Weg abkommen konnte. Ich zitiere hier aus dem Brief der Tagundnachtgleichen, dem Brief [n° 139] an Fließ vom 21. September 1897, der zwei Wege aufzeigt, die Freud zufolge – nach der Aufgabe der Hypothese von der Verführung – wieder gangbar erscheinen und, unserer Meinung nach, für Irrwege offenstehen.

> »Es erscheint wieder diskutierbar, daß erst spätere Erlebnisse den Anstoß zu Phantasien geben, die auf die Kindheit zurückgreifen, und damit gewinnt der Faktor einer hereditären Disposition einen Machtbereich zurück, aus dem [ihn] zu verdrängen ich mir zur Aufgabe gestellt hatte« (Freud, 1986, S. 284).

Diese beiden Wege, die man nunmehr einschlagen und sich dabei verirren kann, das ist einerseits das Rückwärtsgehen, die rückwärts gewandte Phantasie, und andererseits der Weg der Erblichkeit.

Für den ersten, das Rückwärtsgehen, bei dem Sexualität als einfache, auf die Kindheit zurückprojizierte Einbildung des Erwachsenen angesehen wird, wird Freud nie wirklich votieren: Seine Bejahung der infantilen Sexualität wird immer unerschütterlich bleiben.

Demgegenüber wird der Weg der Hereditát oder der Präformiertheit, auf den ich noch genauer eingehen werde, am Rande immer gegenwärtig sein, besonders wenn es um die Ursprünge der menschlichen Sexualität geht. Bevor ich auf die *Drei Abhandlungen zur Sexualtheorie* zu sprechen komme, möchte ich erwähnen, dass Freud in einem Brief vom 14. November 1897, also schon sehr kurz nach dem Brief der Tagundnachtgleichen, eine hereditäre Übertragung der aufeinanderfolgenden Phasen der kindlichen Sexualität skizziert (insbesondere, und dies ist immer das Freud'sche Paradigma, der Übergang vom Analen zum Genitalen).

Instinkt und Trieb …

Das Risiko, sich nach der Aufgabe der Verführungstheorie zu verirren, hat einen Namen: *Instinkt*. Die beiden Etappen dieses Risikos lassen sich leicht mit den beiden Triebtheorien in Verbindung bringen: Die erste erstreckt sich von den *Drei Abhandlungen zur Sexualtheorie* bis zu »Triebe und Triebschicksale«, also von 1905 bis 1915; die zweite Etappe wird mit der Entdeckung des Narzissmus eingeläutet und mit der Theorie des »großen« Triebdualismus von Lebenstrieben und Todestrieben vollendet[7].

Kommen wir zur ersten Etappe zwischen 1905 und 1915, und konzentrieren wir uns dabei auf den Begriff Instinkt sowie auf die Tatsache, dass sich Freud sehr schnell dafür entscheidet, von *Trieb* [i. O. deutsch] zu sprechen, wo doch im Deutschen auch der Terminus *Instinkt* [i. O. deutsch] existiert. Mit *Trieb* [i. O. deutsch], wird der Akzent auf das gleichsam blinde, dämonische Drängen gelegt, das mehr die Befriedigung sucht als ein feststehendes Ziel. In der deutschen Sprache stößt man immer wieder auf solche Dubletten, auf zwei Wörter, von denen das eine lateinischen Ursprungs ist, wie *Instinkt* [i. O. deutsch], das von *instinguere* kommt, und das andere, *Trieb* [i. O. deutsch], das seinerseits germanischen Ursprungs ist; die beiden Termini haben somit ihrer Etymologie nach sehr ähnliche Bedeutungen; denn beide verweisen sie auf die Idee von »anreizen« und von »treiben«. In solchen Fällen hängt es vom Gebrauch in der Sprache ab, und

7 Diese beiden Etappen habe ich bereits kommentiert. Die erste zunächst in *Leben und Tod in der Psychoanalyse*, Kap. 1, dann in *Problématiques III: La sublimation*. Zwischen diesen beiden Werken findet eine Vertiefung der kritischen Auseinandersetzung statt, die ich hier weiter fortführe. Für die zweite Etappe, siehe besonders *Leben und Tod in der Psychoanalyse*, Kap. VI und *Problématiques IV: L'inconscient et le ça*, S. 220–260.

vor allem vom Gebrauch, den ein Autor davon macht, ob eine Unterscheidung zwischen ihnen eingeführt wird[8].

Was Freud betrifft, sind hier zwei Interpretationen zu unterscheiden: die Lacans, der in seinem Trieb-Radikalismus, den man ihm nicht vorwerfen darf, aber auch in seiner Unkenntnis des gesamten Freud'schen Korpus, ganz einfach behauptet, dass Freud niemals von Instinkt spreche[9]. Nun, tatsächlich ist es interessant (und widerspricht in keiner Weise dem *Denken* Lacans), dass im Gegenteil zu sehen ist, wie die beiden Termini *Instinkt* und *Trieb* bei Freud koexistieren.

Es gibt andererseits eine viel schwerwiegendere Behauptung als die Lacans (die letztlich einfach eine Informationslücke ist) – und sie wird durch eine zugleich banalisierende und biologistische Interpretation eingeführt –, nämlich die Behauptung, dass Freud, wenn er auf Deutsch von *Trieb* [i. O. deutsch] spricht, dasselbe meint wie das, was auf Französisch mit Instinkt gemeint sei, und dass somit die Einführung des Wortes *pulsion*[10] eine völlig überflüssige Komplikation der Sprache sei, eine Art Germanisierung des Französischen.

... verschiedene Termini für Freud ...

Nun, die Unterscheidung ist in Wirklichkeit sehr positiv und bedeutsam bei Freud, denn er hat sehr früh angefangen, vom *Trieb* [i. O. deutsch] zu sprechen – zunächst sehr selten, seit den *Drei Abhandlungen* dann durchgängig –, um den spezifischen Gegenstand seiner Reflexion zu bezeichnen, das heißt zunächst die Sexualität, um aber weiterhin auch von *Instinkt* [i. O. deutsch] zu sprechen oder das Adjektiv *instinktuell* [i. O. deutsch] in einer ganz anderen Bedeutung zu verwenden. In der Umgangssprache, wie auch in den unzähligen Texten aus der Feder Freuds, in denen dieser Terminus ganz selbstverständlich vorkommt, verweist »instinktiv« auf eine quasi automatische Reaktion, auf einen Mechanismus, der sich spontan auf eine gegebene Situation einstellt, und wo das Wort »triebhaft« völlig unangebracht wäre. »Instinktiv habe ich ihm geantwortet, dass ...«; »instinktiv zieht Lucky Luke seinen Revolver« – wer versteht nicht den Unterschied zu »angetrieben durch einen mörderischen Trieb zückte der Wahnsinnige einen Revolver«? Ich zitiere aus den Dutzenden von Beispielen das Kapitel XXV

8 Siehe auch Bourguignon et al., 1989.

9 »Freud (der dieses Wort [Instinkt; A. d. Ü.] niemals geschrieben hat)« (Lacan, 2015, S. 376).

10 [*pulsion ist* heute die übliche frz. Übersetzung von dt. *Trieb;* A. d. Ü.]

über die Angst aus den *Vorlesungen zur Einführung in die Psychoanalyse.* Dort ist eine der wichtigsten Ideen, dass das Kind in Gefahrensituationen kaum »instinkthaft« Angst oder Furcht zeige:

> »In all den Situationen, die später die Bedingungen von Phobien werden können, auf Höhen, schmalen Stegen über dem Wasser, auf der Eisenbahnfahrt und im Schiff, zeigt das Kind keine Angst ... Es wäre sehr wünschenswert, wenn es mehr von solchen lebensschützenden Instinkten zur Erbschaft bekommen hätte ... die Aufgabe der Überwachung, die es daran verhindern muß, sich einer Gefahr nach der anderen auszusetzen, wäre dadurch sehr erleichtert« (Freud, 1916–17, S. 423)[11].

Dieser Text ist alleine schon durch die Verwendung des Terminus *Instinkt* interessant, den er als eine vererbte, zielgerichtete und vorgeformte Reaktion definiert; er ist aber auch interessant, wenn er behauptet, dass beim menschlichen Wesen Instinkte, die es automatisch vor Gefahren bewahren würden, fast völlig fehlten[12]. Die Frage der Angst ihrerseits wird mit *Hemmung, Symptom und Angst* (Freud, 1926d [1925]) neu aufflammen, wenn ihre mögliche Zielgerichtetheit erneut diskutiert wird. Dabei wird das Wort *Instinkt* [i. O. deutsch], einmal mehr, in bestimmten klar gekennzeichneten Kontexten und zusammen mit sehr spezifischen Ausdrücken verwendet, um eine etwaige Instinkthaftigkeit der Angst zu diskutieren – *Zweckmässigkeit* [i. O. deutsch], das heißt geeignet für einen Zweck; *zweckmässig* [i. O. deutsch], *unzweckmässig* [i. O. deutsch] (nicht zielgerichtet) –, wobei die Frage ist: Ist die Angst von Anfang an zweckmäßig, um eine Gefahr zu vermeiden oder ist sie reiner Überschuss und nicht zweckmäßig?

Ich schließe diese wichtige Klammer zu Freuds durchgängigem, konzeptuell eingegrenztem und klar gekennzeichnetem Gebrauch des Terminus *Instinkt* [i. O. deutsch] in Texten, in denen man unmöglich irgendetwas versteht, wenn man ihn durch sein sogenanntes Synonym, also den *Trieb* [i. O. deutsch] ersetzt.

---

11 Seit der Schilderung des Falls der Emmy von N. in den *Studien über Hysterie* (1895d [1893–95]) ist der Gebrauch völlig differenziert. Auf der einen Seite evoziert Freud die Hypothese einer »primäre[n], sozusagen instinktive[n] Furcht« (Freud, 1895d [1893–95], S. 143), die durch gewisse Tiere hervorgerufen werde; auf der anderen spricht er von der Sexualität, »diese[m] mächtigsten aller Triebe« (Freud, 1895d [1893–95], S. 160).

12 In solchen Texten den Terminus *Trieb* durch den des *Instinkts* zu ersetzen, würde zu einer Absurdität führen.

Es ist Zeit, eine Definition von diesem Freud'schen Instinkt zu wagen. Es handelt sich um ein Verhaltensschema, das durch drei Punkte charakterisiert ist. Zunächst durch seine lebenswichtige, biologische Zielgerichtetheit, seine *Zweckmässigkeit* [i. O. deutsch], zum Beispiel, um eine Gefahr zu vermeiden: Es gibt diesbezüglich Verhaltensweisen, die experimentell nachgewiesen sind: der Jungvogel, der in Felslöchern zu Hause ist, wird sich instinktiv vom Abgrund fernhalten. Diese Zielgerichtetheit kann zum Beispiel auch die Suche eines bestimmten Lebensraums sein, oder auch die eines Brut- oder Nistplatzes (die großen jahreszeitlichen Wanderungen ...).

Das zweite Charakteristikum ist die Invarianz, ein relativ feststehendes Schema bei ein und demselben Individuum und bei Individuen derselben Art (auch wenn Ethologen gezeigt haben, dass selbst diese Instinktschemata bestimmten Variationen unterliegen können).

Schließlich gehört hierzu die Idee, dass das Merkmal (sagen wir einfach) angeboren ist – nicht durch das Individuum erworben – und zwar völlig unabhängig davon, welche Idee man davon hat, wie in der Spezies etwas erworben wird – denn darüber sind die Diskussionen bekanntlich längst nicht abgeschlossen. Wie dem auch sei, ob man ein Neo-Darwinianer ist oder eine andere Richtung vertritt, wie etwas erworben wird, ist noch hypothetisch und bedarf weiterer Diskussion und Verifikation, während die Heredität, das nicht individuell Erworbene, einfacher festgestellt werden kann.

Diese drei Elemente (die man in den Freud'schen Haupttexten zum *Instinkt* wiederfinden könnte: Adaptation, feststehendes Schema und Heredität) gehen völlig konform mit modernen Beschreibungen, auch wenn dort viele Nuancen, Ausnahmen und Abweichungen beschrieben werden. Ich zitiere zum Beispiel das kleine Buch von Viaud, *Die Instinkte* (1959), das insbesondere Ergebnisse ethologischer Untersuchen zusammenfasst, und ohne zu zögern, ohne sich auch nur einmal wirklich irgendeine Frage zu stellen (weil es vielleicht letztendlich wirklich keine Frage zu stellen gibt), eine große, durchaus zielgerichtete Klassifikation an den Anfang stellt: Instinkte, die an die Erhaltung des Individuums, solche, die an die Erhaltung der Art und solche, die an die Erhaltung der sozialen Gruppe gebunden sind. Diesen Rahmen wird man in gewisser Weise bei Freud wiederfinden, auch wenn er bei ihm diskutiert und infrage gestellt wird: Selbsterhaltung (also die Erhaltung des Individuums), Sexualität (bei der das größte Problem ist, dass es sich dabei nicht um die Erhaltung der Art handelt), und schließlich Fortbestand der sozialen Gruppe, wobei in *Massenpsychologie und Ich-Analyse* diskutiert wird, ob es einen *Herdentrieb* [i. O. deutsch] gibt oder nicht.

... aber immer droht die Gefahr der Verwechslung

Ich habe diesen Terminus *Instinkt* auch deshalb gerade näher bestimmt, weil er als eine Art Versuchung oder Grenzlinie, als ein Abweg oder eine Verirrung gesehen werden kann. Eine Verirrung der Freud'schen Theorie der Sexualität hin zum Instinkthaften ist immer im Bereich des Möglichen. Richtiger wäre es somit, von einer Instinktualisierung des Sexuellen statt von einer Biologisierung des Sexuellen zu sprechen. Man kann sagen, dass Freud beständig gegen diese mögliche Tendenz ankämpft: Bei ihm geschieht diese Rückkehr des Instinkts in die Sexualität, selbst im extremsten Fall, nur auf Umwegen.

Der Mythos des Aristophanes: seine doppelte Interpretation bei Freud

Diesen »extremsten Fall«, nämlich die sogenannten Lebenstriebe und Todestriebe, werde ich am Ende meines Weges behandeln. Aber um schon jetzt, sozusagen im Vorgriff darauf, eine erste Idee davon zu vermitteln, werde ich einige Überlegungen zu Freuds Gebrauch des berühmten »Mythos des Aristophanes«, wie er im *Symposion* von Platon erzählt wird, anführen. Ich zitiere hier Freud selbst, der aus dem Altgriechischen übersetzt.

> »›Unser Leib war nämlich zuerst gar nicht ebenso gebildet wie jetzt; er war ganz anders. Erstens gab es drei Geschlechter, nicht bloß wie jetzt männlich und weiblich, sondern noch ein drittes, das die beiden vereinigte ... das Mannweibliche ...‹. Alles an diesen Menschen war aber doppelt, sie hatten also vier Hände und vier Füße, zwei Gesichter, doppelte Schamteile usw. Da ließ sich Zeus bewegen, jeden Menschen in zwei Teile zu teilen, ›wie man die Quitten zum Einmachen durchschneidet ... Weil nun das ganze Wesen entzweigeschnitten war, trieb die Sehnsucht die beiden Hälften zusammen: sie umschlangen sich mit den Händen, verflochten sich ineinander im Verlangen, zusammenzuwachsen ...‹« (Freud, 1920g, S. 62).

Dieser Mythos ist überdeutlich in seiner Absicht, vom sexuellen Begehren Rechenschaft abzulegen: Dieses sei aus einer verlorenen ursprünglichen Einheit hervorgegangen, die man wiederherstellen möchte, indem man sprichwörtlich seine andere »Hälfte« wiederfindet (Mann + Mann oder Frau + Frau für die homosexuelle Liebe; Mann + Frau für die Heterosexualität). Nun taucht dieser

Mythos in Freuds Werk an zwei Stellen in zwei diametral entgegengesetzten Bewertungen auf.

Hier zunächst der Anfang der *Drei Abhandlungen zur Sexualtheorie* (1905):

> »Die populäre Meinung macht sich ganz bestimmte Vorstellungen von der Natur und den Eigenschaften dieses Geschlechtstriebes. Er soll der Kindheit fehlen, sich um die Zeit und im Zusammenhang mit dem Reifungsvorgang der Pubertät einstellen, sich in den Erscheinungen unwiderstehlicher Anziehung äußern, die das eine Geschlecht auf das andere ausübt, und sein Ziel soll die geschlechtliche Vereinigung sein oder wenigstens solche Handlungen, welche auf dem Wege zu dieser liegen. Wir haben aber allen Grund, in diesen Angaben ein sehr ungetreues Abbild der Wirklichkeit zu erblicken [...]. Der populären Theorie des Geschlechtstriebes entspricht am schönsten die poetische Fabel von der Teilung des Menschen in zwei Hälften – Mann und Weib –, die sich in der Liebe wieder zu vereinigen streben« (Freud, 1905d, S. 33f.).

Hier wird der Mythos des Aristophanes offensichtlich als Stütze der populären Meinung angeführt, wonach die Sexualität vorherbestimmt ist und jeder das Seine wiederzufinden hat, um eine ursprüngliche Harmonie wiederherzustellen. Nun, Freud bekennt von Anfang an Farbe, wenn man so will (»Wir haben aber allen Grund, in diesen Angaben ein sehr ungetreues Abbild der Wirklichkeit zu erblicken«) und in allen *Drei Abhandlungen zur Sexualtheorie* geht es ihm darum, diese populär genannte, angepasste und harmonische Auffassung von der Sexualität zu zerlegen.

Dann, mit vierzehn Jahren Abstand, schlägt Freud in *Jenseits des Lustprinzips* (1919 [1920g; A. d. Ü.]), nachdem er ausführlich seine Theorie der Lebenstriebe und Todestriebe entfaltet hat, folgenden Gedankengang vor: Jeder Trieb trägt den »Wiederholungszwang« in sich und zielt darauf ab, einen früheren Zustand wiederherzustellen. Was den Todestrieb angeht, wissen wir, welches dieser frühere Zustand ist: Es geht um die Rückkehr zur unbelebten Materie, die dem energetischen Ungleichgewicht ein Ende bereitet, das durch die Erscheinung des Lebens geschaffen wurde. Aber wie ist das mit dem Lebenstrieb?

> »Wenn man also die Annahme von Todestrieben nicht fahrenlassen will, muß man ihnen von allem Anfang an Lebenstriebe zugesellen. Aber man muß es zugestehen, wir arbeiten da an einer Gleichung mit zwei Unbekannten. Was wir sonst in der Wissenschaft über die Entstehung der Geschlechtlichkeit finden, ist so wenig, daß man dies Problem einem Dunkel vergleichen kann, in welches auch nicht der

> Lichtstrahl einer Hypothese gedrungen ist. An ganz anderer Stelle begegnen wir allerdings einer solchen Hypothese, die aber von so phantastischer Art ist – gewiß eher ein Mythus als eine wissenschaftliche Erklärung –, dass ich nicht wagen würde, sie hier anzuführen, wenn sie nicht gerade die eine Bedingung erfüllen würde, nach deren Erfüllung wir streben. Sie leitet nämlich einen Trieb ab von dem Bedürfnis nach Wiederherstellung eines früheren Zustandes. Ich meine natürlich die Theorie, die Plato im *Symposion* durch Aristophanes entwickeln läßt und die nicht nur die Herkunft des Geschlechtstriebes, sondern auch seiner wichtigsten Variation in bezug auf das Objekt behandelt« (Freud, 1920g, S. 61f.).

Dies sind also die zwei wichtigsten Stellen, an denen Freud den Mythos des Aristophanes anführt; 1905 brandmarkt er ihn als Teil einer Meinung, die er niedermachen will, nämlich der Idee einer vorherbestimmten Sexualität; 1919 [1920g; A. d. Ü.] hingegen verwendet er ihn als Rechtfertigung dafür, den Ursprung des Eros oder der Lebenstriebe – ich werde auf diese Termini zurückkommen – in einer ursprünglichen Einheit zu sehen, die man durchaus narzisstisch nennen kann.

Freuds Widerspruch entziffern

Nun stehen wir also beispielhaft vor dem Problem »Freud mit Freud zu deuten«. Man kann sagen: Freud steht im Widerspruch zu sich selbst: Was uns nicht viel weiterbringt, außer zu behaupten, dass er nicht genau weiß, was er sagt, oder dass er vergessen hat, was er in den *Drei Abhandlungen* gesagt hatte (das ist übrigens möglich). Eine andere Sichtweise wäre, dass er seine Meinung über die Sexualität geändert hat. Aber dies wäre wirklich eine 180°-Drehung! Nachdem die Sexualität zunächst nicht vorgeformt war, kommt in *Jenseits des Lustprinzips* die Idee wieder auf, dass alles im Voraus bestimmt sei und dass man immer nur zu dem zurückzukehren versuche, was von Anfang an da war [13]. Dieser noch ziemlich oberflächlichen Deutung zufolge hätte Freud seine Auffassung von der Sexualität komplett verändert und seine ganze Arbeit, die darin bestand, den Trieb vom Instinkt zu unterscheiden, wäre umsonst gewesen. Diese Deutung ist in gewisser Weise die allgemeine Meinung, auch wenn mitunter versucht wird, eine Art

13 Natürlich auf poetische Weise, aber das Zurückgreifen auf den Mythos ist nur eine Ausflucht: Wenn der Mythos einer, wenn auch zeitlosen, Struktur entspricht, entscheidet sich doch alles außerhalb der individuellen Entwicklungsmöglichkeiten.

Mischsynthese zwischen den beiden Kommentaren zum Mythos herzustellen. Aber welcher Freudianer würde nicht die Arme über dem Kopf zusammenschlagen, wenn man ihm diese elementare Lösung vorschlüge: »Der Eros ist nicht die Sexualität«? Natürlich ist der Eros ein Teil der Sexualität. Aber wenn Freud anfängt, vom narzisstischen Eros zu sprechen, der darauf abzielt, eine Einheit wiederherzustellen, wurde die erotische Sexualität, die ja ihrerseits auf alles abzielt, nur nicht auf eine Einheit und die an überhaupt keinen vorher festgelegten Plan gebunden ist, – entweder völlig beseitigt, und Freud hätte dann völlig zurückgenommen, was er über *Luzifer amor*, die zerstörerische Libido gesagt hatte – oder sie musste an anderer Stelle wiederzufinden sein, vielleicht unter einer entstellten Maske, die noch zu entziffern wäre.

Wenn man einen so heftigen Text wie die *Drei Abhandlungen zur Sexualtheorie* liest, ist die künftige »instinktuelle Verirrung« ziemlich schwer vorherzusehen. Das hervorragende Vorwort von Michel Gribinski in der bei Gallimard erschienenen Ausgabe (das sich auch auf *Leben und Tod in der Psychoanalyse* bezieht) arbeitet den stark polemischen Charakter dieses Buches gut heraus. Auch wenn, woran dieses Vorwort ebenfalls erinnert, vieles, was sich in diesem Buch findet, »schon bekannt« (wie man zu sagen pflegt) war – und nicht zu Unrecht sagt man, dass Freud nur verstreute Elemente aus ganz unterschiedlichen Richtungen zusammengetragen hatte –, war seine Mischung tatsächlich explosiv.

Dialektik der *Drei Abhandlungen*

Ausgehend von der schon im Zusammenhang mit Aristophanes zitierten Einleitung setzt eine Entwicklung in drei Kapiteln ein, deren Abfolge als eine Odyssee des Instinkts betrachtet werden kann: der verlorene Instinkt, zunächst im ersten Kapitel über »die sexuellen Abirrungen« und auch im zweiten über »die infantile Sexualität«, schließlich im letzten Kapitel (»Umgestaltungen der Pubertät«), der wiedergefundene oder vielleicht, wie ich terminologisch vorgeschlagen habe, der gemimte Instinkt, denn was am Ende wiedergefunden wird, ist nicht im eigentlichen Sinne ein Instinkt, sondern etwas, das im menschlichen Wesen mehr schlecht als recht ein Verhalten neu konstruiert, das dem Instinkt ähneln mag, ohne einer zu sein.

Am ersten Kapitel über »Die sexuellen Abirrungen« hat man hervorgehoben, dass es sich um eine bloße Kompilation handle; was Freud selbst von Anfang an ausdrücklich sagt: »Die in der ersten Abhandlung enthaltenen Angaben sind aus den bekannten Publikationen von v. Krafft-Ebing, Moll, Moebius, Havelock

Ellis …« (Freud, 1905d, S. 33) Es gibt somit überhaupt keinen Anspruch auf Originalität, was den Inhalt dieser sexuellen Abirrungen betrifft, jedoch eine Ansammlung von Argumenten in Bezug auf das Ziel der Abweichungen (das heißt den Vorgang, der zur Lust führt), in Bezug auf das Objekt und schließlich auch in Bezug auf die Quelle, das heißt den sexuellen Gebrauch von Körperzonen, die normalerweise nicht für den Koitus notwendig sind. All diese Abweichungen zerstören beim Erwachsenen die Idee einer Vorgeformtheit und einer Zielgerichtetheit, weil ja das einzig bestimmbare Ziel all dieser (zurecht so genannten) sexuellen Akte nicht ein biologischer Zweck, sondern schlicht und einfach nur die Lust sein kann.

Das zweite Kapitel über die infantile Sexualität behauptet seinerseits dasselbe in Bezug auf die Aktivität des Kindes, dass es also eine Sexualität beim Kind gibt, und dass sie von Grund auf pervers ist, vielleicht noch perverser – oder zumindest weniger reguliert und weniger vereinheitlicht – als die des Erwachsenen: Dies nennt Freud »polymorphe Perversität«. Auch hier könnte man leicht sagen, dass all dies schon immer bekannt war, aber das bedeutet nicht, dass es auch anerkannt war; auch hat das Werk Freuds oder das anderer Psychoanalytiker das »populäre« Urteil an diesem Punkt wohl nicht erschüttert. Einer der wichtigsten Beweise für die infantile Sexualität besteht allein schon in der Tatsache, dass sie vom Erwachsenen verurteilt, verdrängt und permanent verleugnet wird. Dies ist eine gängige Beobachtung, selbst im Jahr 1992, trotz allem, was auf dem Gebiet der sexuellen Befreiung passiert ist[14]. Wenn es eine Sexualität gibt, die trotz des sogenannten modernen Liberalismus weiterhin verurteilt wird, dann ist es die infantile Sexualität. Und wenn sie doch – in der Theorie zumindest – zugestanden wird, ist es bemerkenswert, dass sie mehr oder weniger unter der Rubrik Genitalität eingeordnet wird, als eine frühreife Aktivierung der Genitalorgane. Und als Beweis für diese Spontaneität führt man immer das Vorkommen von Erektionen beim kleinen Jungen an, als ob das das Wesentliche an Freuds Beschreibungen sei. Was Freud infantile Sexualität nennt, ist jedoch nur in zweiter Linie eine genitale Aktivität; wenn sie »polymorph« genannt wird, dann nicht nur in Bezug auf die Art der Aktivität, sondern auch in Bezug auf die beim Kind erregten Zonen, die Freud zufolge verschiedenartig sind und letztlich überall am Körper sein können.

Über das dritte Kapitel mit dem Titel »Die Umgestaltungen der Pubertät« kann man sagen, dass dort eine Rückkehr zum Instinkt oder zu etwas Ähnlichem stattfindet: einerseits eine Rückkehr zur Genitalität, und andererseits zu einem

14 Und trotz all der brillanten Paradoxien, die von Foucault vertreten wurden.

sexuellen Objekt, »der Person des entgegengesetzten Geschlechts«, wie es im Chanson heißt[15], also eine ganz offensichtliche Rückkehr in die Gleise des Instinkts. Auch wenn Freud ziemlich wenig über die vermeintlich »biologische« Zielgerichtetheit, das heißt über diese wiedergefundene Fortpflanzung sagt.

»Zielgerichtetheit« der Entwicklung in späteren Ausgaben [der *Drei Abhandlungen*]

Den Eindruck des subversiven, ja zutiefst »perversen« Charakters dieses Werkes, das den Akzent vor allem auf die Abwesenheit von Normen in der menschlichen Sexualität legt, erfasst man nur schwer, wenn man es ohne Vorsichtsmaßnahmen liest. Warum? Dieses Buch ist von Freud vielfach überarbeitet worden. Die erste Ausgabe ist von 1905, aber Freud hat ihm 1910, 1915, 1920 und 1924 erhebliche Zusätze angefügt. Diese Zusätze weisen nun alle in dieselbe Richtung, nämlich dahin, die abweichenden Aspekte der Sexualität abzuschwächen. Vor dreißig oder vierzig Jahren erwähnten die Ausgaben diese aufeinander folgenden Zusätze nicht einmal, so dass selbst herausragende Autoren so argumentierten, als ob Freud seit 1905 zum Beispiel die Existenz einer analen Phase oder des Narzissmus behauptet habe (sogar die deutsche Ausgabe der *Gesammelten Werke* gibt ohne Kommentar den Text von 1924 wieder); jetzt haben wir kritischere Ausgaben, die die Zusätze durch Anmerkungen kennzeichnen. Dennoch sollten wir vielleicht ein Interesse daran haben, die *Drei Abhandlungen* in der Version von 1905 in einem Zug lesen zu können, um uns über die Wirkung dieses Werkes, aber auch die spätere Freud'sche Entwicklung wirklich klar zu werden; denn tatsächlich verändert Freud sein Denken grundlegend, ja er schreibt es in einer Art Synkretismus in Wirklichkeit neu. Wenn man diesen Text in seiner ursprünglichen Fassung lesen würde und alle späteren Passagen schwärzte, würde man sich darüber klar werden, dass ein beträchtlicher Hiatus existiert, ein Abgrund, zwischen dem zweiten und dem dritten Teil, zwischen der polymorphen infantilen Sexualität und den Umgestaltungen der Pubertät. Demgegenüber fügt die letztgültige Ausgabe [von 1924; A. d. Ü.] alle aufeinander folgenden Erfindungen Freuds ein, ohne eine zeitliche Perspektivierung zu geben. Die Ausgaben führen besonders im zweiten Kapitel die sogenannten »sexuellen Organisatio-

15 [Anspielung auf den Anfang des Refrains im Chanson *Qu'on est bien* (1957) von Guy Béart: »Qu'on est bien dans les bras / D'une personne du sexe opposé!« (»Wie schön ist es in den Armen einer Person entgegengesetzten Geschlechts«); A. d. Ü.]

nen« oder »infantilen Sexualphasen« ein, die in der Ausgabe von 1905 völlig fehlen. Die Idee einer bereits »organisierten« infantilen Sexualität wird von Freud erst später ausformuliert, im Zuge einiger aufeinander folgender Artikel, die klinischen Untersuchungen entsprechen. Eingeführt werden nacheinander die anale Organisation, die die erste große von Freud identifizierte, nicht genitale Organisation ist; die orale Organisation, die nie wirklich als eine eigenständige Entdeckung in Erscheinung getreten ist, die aber nach der analen Organisation in den Kreis eingereiht wird, und schließlich, wichtigster Punkt, die von Freud sogenannte infantile genitale Organisation, mit ihrem Gegensatz phallisch-kastriert[16].

Sie sehen, dass einzig dadurch, dass die infantilen sexuellen Organisationen dazwischengeschaltet werden, und zunächst bloß durch den Terminus »Organisation«, die Idee von Zielgerichtetheit eingeführt wird; und welche Versuchung ist es erst recht dann, wenn die Reihe komplett ist, in dieser Abfolge von in einer zeitlichen Ordnung hierarchisierten Phasen – oral, anal, genital – etwas zu sehen, das einer zugleich vorgeformten und integrierten Entwicklung ähnelt! Genau das passiert mit einem der wichtigsten Schüler Freuds, Karl Abraham, der den sogenannten »Stadismus« ins Extreme getrieben hat.

Von dem Zeitpunkt an, in dem diese Abfolge geordnet erscheint und zu einer letzten Etappe der sogenannten Objektbezogenheit und Genitalität fortschreitet; von dem Zeitpunkt an, in dem angenommen wird, dass diese ontogenetische Abfolge eine phylogenetische Aufeinanderfolge reproduziert – wird das, was ich den verlorenen Instinkt des ersten Kapitels nannte, nur scheinbar verloren sein. Die infantile Sexualität ist in einen Nebel gehüllt, aber in Wirklichkeit führt sie der Weg unausweichlich hin zur erwachsenen Sexualität, die ihrerseits der »populären Meinung« entspricht. Diesem Finalismus haben sich alle Bestrebungen in der psychoanalytisch inspirierten Entwicklungspsychologie verschrieben, und vor allem Karl Abraham ist ihr geistiger Vater.

Ein wesentlicher Hinweis: diese Zielgerichtetheit herrscht nur insoweit vor, als sich die Theorie der sexuellen Entwicklung als das Ganze der menschlichen Entwicklung ausgibt; insoweit in der Theorie ein Pansexualismus herrscht, besteht auch das Bedürfnis, die Entwicklung beim Zugang zum (Wahrnehmungs- und sexuellen) Objekt zu beschreiben. Aber andererseits, und durch eine völlig legitime Umkehrung, gleitet dieser Pansexualismus, der alles sein und von einer Entwicklung im Bereich der Selbsterhaltung nichts wissen will, in eine reine Beziehungstheorie ab. Ich möchte heute also mit folgender Behauptung enden: Die

16 Siehe *Problématiques II: Castration – symbolisations*. Laplanche, 1980b.

Spezifizität des Sexuellen zeigt sich nur, wenn in irgendeiner Weise, zumindest potenziell, die Existenz eines nicht-sexuellen Bereichs bekräftigt wird. Genau von diesem Dualismus zwischen Selbstbewahrendem und Sexuellem werde ich das nächste Mal ausgehen.

21. Januar 1992

Ich werde heute also von der Anlehnung sprechen, von der Verirrung, zu der dieser Begriff Anlass geben kann, und wie man Abhilfe schaffen kann.

Anlehnung: bibliografische Angaben

Ich nenne zunächst eine Reihe von Texten, ohne sie im Detail zu diskutieren: die *Drei Abhandlungen zur Sexualtheorie*, in der Ausgabe von 1905, die ab 1905 ergänzt (und in gewisser Weise zurückgenommen) werden durch einen kürzeren Artikel mit dem Titel »Meine Ansichten über die Rolle der Sexualität in der Ätiologie der Neurosen« (Freud, 1906a). Zweite Etappe, das Erscheinen der Selbsterhaltungstriebe in den Jahren 1910 bis 1912, mit dem als solchem formulierten Dualismus zwischen *Selbsterhaltungstrieben* [i. O. deutsch] und *Sexualtrieben* [i. O. deutsch]. Es gibt dabei eine Reihe von wichtigen Texten, darunter »Die psychogene Sehstörung in psychoanalytischer Auffassung«, und zugleich eine Ausformulierung des Begriffs der Anlehnung, die in den späteren Ausgaben der *Drei Abhandlungen* auftauchen wird. Dritter, sehr wichtiger Teil, die »Onanie-Diskussion«. Sie umfasst auf der einen Seite zwei ziemlich kurze Texte Freuds, nämlich die Einleitung und das Schlusswort zur Onanie-Diskussion (Freud, 1912f), und auf der anderen acht Sitzungen der Wiener Psychoanalytischen Vereinigung, vom 22. November 1911 bis zum 24. April 1912, alle eingeleitet durch das Referat eines Mitglieds der Vereinigung; die letzte Sitzung schließt mit Freuds Schlusswort zur Onanie-Diskussion. Sie finden diese Diskussionen in den *Protokollen der Wiener Psychoanalytischen Vereinigung*[17], deren Lektüre ich unbedingt auf Deutsch empfehle, denn die französische Übersetzung ist ziemlich stümperhaft. An vierter Stelle kommt »Zur Einführung des Narzißmus« 1914 und schließlich »Triebe und Triebschicksale« von 1915.

17 [Nunberg & Federn, 2008 (1976–1981), Band III und IV; A. d. Ü.]

Die »Erfindung« des Konzepts durch Laplanche und Pontalis ...

Also, was ist die Anlehnung? *Anlehnung* [i. O. deutsch] haben wir, Pontalis und ich, vor langer Zeit mit »étayage«[18] übersetzt, nach dem Vorschlag einer heute vergessenen Übersetzerin, die dieses damals veraltete Wort gefunden hatte und somit den Begriff vor dem Vergessen bewahrt hat; übrigens vor mehr als einem Vergessen, da es sich ja sozusagen um ein »Ur«-Vergessen handelt; denn der Begriff war ja nie »groß rausgekommen«, nicht einmal bei Freud[19].

Die *Anlehnung* [i. O. deutsch] versucht, die grundlegende Verzahntheit zweier Funktionstypen und zweier Befriedigungsarten auf den Begriff zu bringen: zwischen einem sexuellen Funktionieren auf der einen Seite – das beim Kind eben keine sexuelle Funktion ist, sondern die biologische Funktion der Sexualität antizipiert – und auf der anderen Seite einem selbsterhaltenden Funktionieren, das selbst viel funktionaler ist, auch wenn es beim Menschenkind in Teilen mangelhaft ist.

Für die Basisdefinition von *Anlehnung* verweise ich auf die verschiedenen Artikel im *Vokabular der Psychoanalyse* (1972 [1967]), in dem das Thema wirklich umfassend behandelt wird. Ich begnüge mich damit, ein besonders unmissverständliches Zitat von Freud in Erinnerung zu rufen. Er schreibt, »daß die Sexualtriebe ihre ersten Objekte in der Anlehnung an die Schätzungen der Ichtriebe finden, gerade so, wie die ersten Sexualbefriedigungen in Anlehnung an die zur Lebenserhaltung notwendigen Körperfunktionen erfahren werden« (Freud, 1912d, S. 80). An dem Text könnte man zwei Termini unterstreichen: den der »Schätzung« [frz. Übers.: *valeur*; A. d. Ü.], der sich auch bei anderen Denkern wiederfinden lässt, bei den Ethologen, und dann auch bei Daniel Lagache, der besonders darauf bestanden hat, dass das Objekt der Selbsterhaltung in der Umwelt ausfindig zu machen ist, nämlich als »Nahrungsschatz« [*valeur nourriture*;

---

18 [Wörtlich bedeutet *étayage* »Abstützung«; *étayer* meint »(ab)stützen« (in der Vertikalen). Erst mit der Übersetzung von *Anlehnung* durch *étayage* in der französischen Ausgabe des *Vokabulars der Psychoanalyse* (1967) hat der Begriff der *Anlehnung* erstmals Beachtung gefunden; A. d. Ü.]

19 Noch kürzlich wurde ich gefragt, was ich von dem Begriff *étayage* bei René Kaës halte. Welches Verdienst auch immer dem Denken dieses Autors zukommt, ich finde es bedauerlich und ungünstig, einen so wichtigen und schwierigen, im *Vokabular der Psychoanalyse* genau definierten Terminus zu entlehnen, der Ideen zum Ausdruck bringt, deren Verbindung zum Freud'schen Begriff alles andere als klar ist. Es hätten auch andere Wörter zur Verfügung gestanden.

A. d. Ü.]; und andererseits den Begriff der Körper*funktion*, der in starker Konkurrenz zu dem des »Triebes« steht, der aber vielleicht geeigneter ist, wenn es um Selbsterhaltung geht.

... das sich in der Übersetzung beweisen muss

Ist *Anlehnung* ein »Freud'sches Konzept«? Darüber habe ich mit François Robert diskutiert, der zusammen mit mir für die Terminologie in der Übersetzung von Freuds *Gesammelten Werken* verantwortlich ist. Die Frage impliziert, dass man im Freud'schen Denken unterschiedliche Ebenen der Thematisierung unterscheiden kann: Konzepte, Quasi-Konzepte, Parakonzepte etc. Hier haben wir es mit einem Konzept zu tun, das nie als solches von einem Autor thematisiert wurde: Freud hat nie einen Artikel über die Anlehnung geschrieben und er hätte auch nie daran gedacht, es zu tun. Und es ist andererseits ein Konzept, das lange keinen speziellen Eintrag in den Sachregistern, nicht einmal der deutschen Ausgaben, hatte. Es ist ein Konzept, das im Wesentlichen den Übersetzern aufgefallen ist, weil immer wieder derselbe Terminus und dieselbe Idee aufgetaucht sind. Das nenne ich mit Antoine Berman die »Prüfung durch das Fremde«[20]: Wenn sich ein Denken der Prüfung der Übersetzung unterziehen muss, trifft man dort auf Konstanten, auf Gravitationen, die dem Autor und auch seinen deutschsprachigen Lesern nicht klar waren. In mehr als einer Hinsicht ist der Terminus *Anlehnung* [i. O. deutsch] dem der *Nachträglichkeit* [i. O. deutsch] ähnlich, denn dieser besitzt ebenfalls diesen Status eines »impliziten Konzepts« oder eines »Parakonzepts«. Die *Nachträglichkeit* [i. O. deutsch], der *après-coup*, wurde im Wesentlichen von Lacan herausgearbeitet, die *Anlehnung* [i. O. deutsch], dagegen von Laplanche und Pontalis[21].

Konzepte wie diese haben einen besonderen Status: Sie bieten ein enormes Potenzial für die postfreudianische Theorieentwicklung, doch dieses Potenzial muss man ihnen zum größten Teil erst zuschreiben, weil der Autor selbst es nicht entfaltet hat; sie sind ein Dreh- und Angelpunkt, ohne genau definiert und festgelegt zu sein, sie besitzen einen zentralen Status, allerdings nur implizit. Ihr

---

20 [Vgl. Antoine Berman 1984, *L'épreuve de l'étranger. Culture et traduction dans l'Allemagne romantique. Herder, Goethe, Schlegel, Novalis, Humboldt, Schleiermacher, Hölderlin*. Paris: Gallimard; A. d. Ü.]

21 Auch wenn einige Lacan die Entdeckung der Anlehnung zugeschrieben haben, obwohl ihm dieses Konzept völlig fremd ist.

Potenzial haben letztlich wir, die Postfreudianer, zu entfalten. Vor zwei Jahren habe ich eine Vorlesung über die »Nachträglichkeit in der Nachträglichkeit« gehalten, und genauso ist das, was ich hier entwickle, eine »Nachträglichkeit der Anlehnung«. Darüber hinaus haben diese beiden Konzepte eine besondere Entwicklung gemeinsam: Gerade als sie hätten thematisiert werden müssen, gerade als Freud sich über seine gezielte Verwendung dieser Termini klar wird, laufen sie Gefahr, ihre Komplexität zu verlieren. Sie werden thematisiert im Moment ihres Niedergangs. Es ist wie bei der *Nachträglichkeit* [i. O. deutsch]. Das Adjektiv *nachträglich* [i. O. deutsch] wird in der Korrespondenz mit Fließ in der ganzen Zeit verwendet, als es mit der Verführungstheorie zu großen Neuerungen kommt, dann erscheint *Nachträglichkeit* [i. O. deutsch], und diese Transformation des Adjektivs in ein Substantiv macht es zu einem Konzept. Diese Würdigung als Konzept ereignet sich jedoch ein paar Wochen[22], nachdem Freud die Verführungstheorie und, mit ihr, den potenziellen Reichtum des Konzepts fallen gelassen hat; von da an wird er den Terminus rein mechanistisch auslegen, ohne dass der Pfeil der Zeit jemals umgekehrt würde. In dem besagten Brief an Fließ ist die Nachträglichkeit nur noch eine im Subjekt deponierte Zeitbombe, die zu einem gewissen Moment explodieren wird. Damit ist die Idee einer möglichen Rückwirkung oder einer früher-später-Bewegung, die den [eigentlichen] Reichtum des Konzepts ausmacht, verschwunden: Genau in dem Moment, in dem die *Nachträglichkeit* [i. O. deutsch] ihre Grundlage in der Verführungstheorie verloren hat, wird der Terminus plötzlich substantiviert[23].

Selbsterhaltung/Sexualität: Dualismus, nicht Parallelismus

Mit der *Anlehnung* [i. O. deutsch] ist es ein wenig das Gleiche. Wie steht es damit 1905? Nebel liegt über der Frage nach den Ursprüngen der Sexualität. Nirgendwo findet man die Idee eines »Selbsterhaltungstriebes«; im Allgemeinen wird Selbsterhaltung als Funktion oder als Bedürfnis eingeordnet, nicht als ein Trieb. Auch die Beziehung zwischen sexuellem Trieb und Selbsterhaltung ist noch unklar, und dies, im Text von 1905, über unterschiedliche Wörter hinweg, wie dem der *Vergesellschaftung* [i. O. deutsch]. Man findet das Wort *Anlehnung* [i. O. deutsch] ein einziges Mal in der ersten Ausgabe der *Drei Abhandlungen*, nämlich als die Anlehnung der analen Sexualität an die Ausscheidungsfunktion thematisiert wird.

22 Brief n°146 vom 14. November 1897 = Freud, 1986, S. 303.

23 All dies wird ausführlich im Band *Problématiques VI* zur »Nachträglichkeit« dargelegt.

Ein Punkt meiner These ist es, dass gleichzeitig mit der Thematisierung der Anlehnung in den Jahren 1910–12 die Gefahr droht, dass Freud einen Irrweg einschlägt: also in dem Moment, in dem er behauptet, dass die Selbsterhaltung ein im Vergleich zur Sexualität *gleichrangiger*, aus den gleichen Elementen wie sie zusammengesetzter Trieb ist.

Die Selbsterhaltung wird nun nach dem Muster der Sexualität konzipiert und dies wird umgekehrt auf den sexuellen Trieb zurückstrahlen, der damit zumindest virtuell instinktualisiert wird. Denn wenn man die Funktion nach dem Muster des Triebes definiert, läuft man umgekehrt Gefahr, den Trieb zu einer Funktion herunterzubrechen, und die Sexualität funktionalistisch zu verstehen.

Von daher ist derjenige, der, wie ich, ein solch latentes Konzept interpretiert, in einer paradoxen Position: Er thematisiert etwas, das Freud nie thematisiert hat, er zeigt auf, wie dieses Thema fruchtbar gemacht werden kann und schlägt in einer Art Rettungsaktion einen Ausweg für eine wichtige Frage in diesem Werk vor; aber er muss auch zeigen, wie diese Rettungsaktion selbst Teil dessen werden kann, was ich Verirrung nenne: wie auch sie in die Irre führen kann.

Diese Verirrung der Anlehnung und in der Anlehnung will ich hier entwickeln. Aber bereits in der Schlussfolgerung meiner *Problématiques III* über die Sublimierung habe ich gesagt: *nur die Verführungstheorie kann die wahre Natur der Anlehnung erklären* (Laplanche, 1980c [S. 40; A. d. Ü.]).

Der Trieb: die vier Freud'schen Kennzeichen

An diesem Punkt müssen wir die vier Freud'schen Dimensionen oder Aspekte des Triebes in Erinnerung rufen, in ihrer scheinbaren Einfachheit und ihrer gleichzeitig großen Mehrdeutigkeit, welche sich allerdings erst nach und nach zu erkennen gibt. Es sind dies: die *Quelle* [i. O. deutsch], das *Ziel* [i. O. deutsch], das *Objekt* [i. O. deutsch] und der *Drang* [i. O. deutsch]. Ich verweise hier auf die Artikel im *Vokabular der Psychoanalyse*, ebenso wie auf *Leben und Tod in der Psychoanalyse* (Laplanche, 2014 [1970], S. 29–36) und auf *Problématiques III* (Laplanche, 1980c, S. 22–31)[24].

Sobald es um die menschliche Sexualität geht, führt die aufmerksame Prüfung dieser vier Termini, in ihrer inneren Widersprüchlichkeit, immer zu der gleichen

24 Das einzige Detail, das ich hinzufügen könnte, betrifft die Unterscheidung, die man zwischen dem, was Freud *Ziel* [i. O. deutsch] nennt, und dem problematischen Terminus *Zweck* [i. O. deutsch] machen müsste. Bei dem ersten Terminus geht es nicht um

Schlussfolgerung, die sich auch aus den in den *Drei Abhandlungen* zusammengetragenen Beobachtungen ableiten lässt.

Im sexuellen *Trieb* [i. O. deutsch] ist alles variabel. Das Objekt ist zufällig, es kann durch alles Mögliche ersetzt werden; Freud zufolge kann ein Objekt immer durch ein anderes ersetzt werden. Das Ziel kann ausgewechselt, verändert und gehemmt werden. Schließlich sind die Quellen miteinander verknüpft und sie können sich gegenseitig »vertreten«. In dieser Konzeption des sexuellen Triebes verflüchtigen sich am Ende Objekt, Quelle und Ziel. Dazu ist mir das Bild von Jeannots Messer eingefallen oder auch Theseus' Schiff, von dem Plutarch erzählt. In der Zeit, in der dieser Autor seine *Vergleichenden Lebensbeschreibungen berühmter Männer* verfasste, zeigte man in Athen noch das Schiff, mit dem Theseus Jahrhunderte zuvor den Minotaurus in Kreta besiegt hatte. Dieses wahrhaft historische Monument war natürlich aus Holz, so dass mit der Zeit ein Stück nach dem anderen verrottete und eines nach dem anderen ausgewechselt werden musste; so dass am Ende alle Stücke ersetzt worden waren. Und so, sagt Plutarch, wurde Theseus' Schiff für die Philosophen zu einem großen Beispiel. Denn sie fragten sich: Wenn alles ausgewechselt worden ist, kann man dann noch vom »Schiff des Theseus« sprechen?

Der Trieb ähnelt diesem Schiff des Theseus. Was bleibt vom Trieb? Nichts außer schließlich der *Drang* [i. O. deutsch], der in seiner Semantik völlig synonym ist mit *Trieb* [i. O. deutsch]. Das wollte, glaube ich, Lacan unterstreichen, als er dafür auf Französisch den Terminus »*dérive*« [dt. »Abdrift«; A. d. Ü.] vorgeschlagen hatte. Kein einziger Übersetzer Freuds, auch kein Lacanianischer, würde es wagen, »Triebe und Triebschicksale« auf Französisch mit »Dérives et destins de dérives« [»Abdriften und Abdriftschicksale«; A. d. Ü.] zu übersetzen. Aber

---

eine Absicht, sondern eher ein Verhalten, eine Abfolge von konsumistischen und auf Befriedigung abzielenden Handlungen. Mit dem *Zweck* [i. O. deutsch] und der *Zweckmässigkeit* [i. O. deutsch] (vgl. oben S. 30) wird das Problem der Finalität, der Teleologie des Verhaltens aufgeworfen. Freud wehrt sich anfangs gegen eine teleologische Konzeption des Triebes, lässt sich jedoch manchmal dazu verleiten (in Bezug auf die frühkindliche Onanie, in der man die »Absicht der Natur« erkennen könne, das zukünftige Primat der Genitalzone vorzubereiten), wird dann sogar deswegen von einem seiner Schüler (Rudolph Reitler) getadelt, und behauptet dann erneut – nämlich 1920, nach der Einführung von Lebens- und Todestrieben (vgl. 1905d, S. 85, Anm. 2) –, dass der teleologische Gesichtspunkt in der Biologie unausweichlich ist [zwei weitere von Laplanche hier angeführte Zusätze finden sich nicht in den »Drei Abhandlungen« der *Gesammelten Werke* (vgl. Freud, 1905d, S. 55 und S. 88), sondern nur in der *Studienausgabe* (Freud, 1972, S. 94 Anm. 1); A. d. Ü.].

in diesem Lacan'schen Wortspiel, das möglich wird durch das aus dem Englischen entlehnte und zu *dérive* französisierte *drive*, gibt es diese Idee: dass der Trieb eine Abdrift ist, das heißt, dass der Trieb überhaupt keinen eigenen Weg kennt. Der *Trieb* [i. O. deutsch], endogenen Ursprungs, zeigt nichts an, außer dass man sich seiner mit allen Mitteln entledigen muss. Es bleibt nur der Drang, und der ist blind.

28. Januar 1992

Quelle – Ziel – Drang – Objekt. Nachdem ich diese vier Begriffe in Erinnerung gerufen habe, die zwar nicht ganz einfach sind, die aber Freud und uns als Orientierungspunkte dienen, komme ich wieder zu unserem Problem der Anlehnung zurück. Die Anlehnung ist die Antwort auf ein explizit auf der zeitlichen Ebene verortetes Problem des Ursprungs. Es gibt keinen Grund, Fragen nach Zeit und Chronologie im Namen einer irgendwie gearteten Zeitlosigkeit zurückzuweisen. Es geht darum, Rechenschaft darüber abzulegen, wie die Sexualität anfänglich, wie also die infantile Sexualität in Erscheinung tritt.

Die infantile Sexualität: Warum sich über ihre Ursprünge Fragen stellen, wenn sie gar nicht existiert?

Von daher zunächst diese Vorfrage: Warum Rechenschaft darüber ablegen, wenn sie nicht existiert? Die Diskussion darüber dauert an und es gibt vielfältige Möglichkeiten, die infantile Sexualität zu verleugnen. Man kann sie vollständig, das heißt ausdrücklich verleugnen, oder sie auch als etwas Abweichendes, Pathologisches abtun, das sich nur auf die Beobachtung einiger außergewöhnlicher Fälle stütze. Auf einer zweiten Ebene kann sie verleugnet werden als etwas, das biologischer Natur und endogenen Ursprungs ist, womit immerhin ihre Existenz nicht in Abrede gestellt wird. Schließlich kann sie auf subtilere, aber auch gefährlichere Weise innerhalb der psychoanalytischen Bewegung selbst verleugnet werden, indem man sie desexualisiert und mit anderem verwässert, so dass sie ihren spezifisch sexuellen Charakter verliert. Die Versuche sind vielfältig und halten bis in unsere Tage an. Was Freud die Ansichten Jungs nannte (an die er sich zeitweise angenähert hatte) ist genau das: Aus der »Libido« oder dem Eros alles zu machen, heißt letztlich nichts daraus zu machen. Man meidet damit nur das wahre Problem, nämlich die kindliche Sexualität zu definieren und zu lokalisieren. Doch derzeit dominieren andere, modernere Versuche: etwa die Tendenz, die Sexualität in der sogenannten

Objektbeziehung aufzulösen, wobei der Terminus »sexuell« nur noch dafür verwendet wird, das Genitale zu bezeichnen – genau das, was Freud nicht wollte.

Bei der infantilen Sexualität geht es tatsächlich um etwas sehr Spezifisches, nämlich um das, was wir die erweiterte Sexualität nennen: erweitert um das Prägenitale – oder sagen wir eher um das Außergenitale, um keine chronologische Abfolge zwischen dem Prägenitalen und dem, was darauf folgt, zu unterstellen – eine erweiterte Sexualität also, die bis zum Überdruss aufgelistet wurde: oral, anal, urethral usw. Doch können letztlich alle Funktionen beim Menschen sexuell werden.

Prüfung, Definition und Grundlegung bedingen sich gegenseitig

Die infantile Sexualität wirft ein doppeltes Problem auf, nämlich ihre Existenz zu beweisen und sie zu definieren. Aber – und hier müssen wir ein wenig dialektisch argumentieren – dieses Problem ist nur dem Anschein nach ein doppeltes, denn aus dem Beweis der Existenz der Sexualität und ihrer Verallgemeinerbarkeit lässt sich das Wesen selbst – also die Definition – der Existenz dessen, das bewiesen wird, ableiten. Mit anderen Worten, es geht nicht darum 1) zunächst etwas als Sexuelles zu definieren und 2) dann zu zeigen, dass es tatsächlich existiert. Sondern: ich zeige Ihnen, dass etwas existiert und genau dadurch *erzeuge* ich eine andere Idee davon, die zwar nicht ohne Beziehung zur früheren, allgemein geteilten Idee ist, die aber davon abgeleitet ist.

In meinem 1971 geschriebenen Artikel »Dérivation des entités psychanalytiques« [»Ableitung der psychoanalytischen Entitäten«; A. d.Ü][25] habe ich für zahlreiche psychoanalytische Begriffe zu zeigen versucht, dass ihre Definition und ihre Entwicklung ihre Existenz nach sich ziehen. Doch kommen wir zu viel einfacheren Dingen zurück: Jede Ableitung folgt Wegen, die überall und in allen Zeiten anerkannt waren und seit dem 16. Jahrhundert klassifiziert worden sind: Es sind dies die Wege der Assoziation von Ideen und, so füge ich hinzu, der Verkettung von Dingen und Entitäten. Sie folgen immer nur drei Prinzipien: der Ähnlichkeit, der Kontiguität und der Opposition.

Sowohl in den *Drei Abhandlungen zur Sexualtheorie* als auch im Kapitel XX der *Vorlesungen zur Einführung in die Psychoanalyse* sieht man diese drei Modalitäten zum Nachweis und zugleich der Ableitung der Sexualität am Werk.

---

25 Zuerst in *Hommage à Jean Hyppolite*, Paris: PUF, 1971, S. 195–215, jetzt Laplanche, 2008 [der Text ist in der deutschen Ausgabe nicht enthalten; A. d. Ü.].

Ähnlichkeit. Freud setzt die Ähnlichkeit auf der Ebene des Orgasmus ein: Es gibt Phänomene, auf anderen Ebenen als der genitalen, bei denen ich etwas wiedererkenne, das dem orgiastischen Ereignis bei Erwachsenen ähnelt. Eine andere – in meinen Augen überzeugendere – Ähnlichkeit ist die zwischen den vielen kindlichen Aktivitäten, die Lust erzeugen, und den Aktivitäten, die bei den Perversen, darin sind sich alle einig, sexuell genannt werden.

Kontiguität oder Kontinuität. Dieses Argument findet im Wesentlichen Anwendung mit Bezug auf die Vorlust, die den eigentlichen Genitalakt des Erwachsenen begleitet oder ihm vorausgeht, und ganz andere Zonen und ganz andere Vorgänge als die genitalen ins Spiel bringt. Die *Vorlust* [i. O. deutsch] steht einerseits in einem Kontiguitätsverhältnis zum Genitalakt, den sie vorbereitet, und zugleich ist sie der infantilen Sexualität ähnlich.

Von diesem Zusammenspiel von Ähnlichkeit und Kontiguität aus – ich nenne es Metabolismus oder Symbolisation – findet eine Ableitung (eine Abdrift[26] – Lacan) sowohl auf der Ebene der Existenz als auch auf der Ebene des Beweises statt. Wer kann schon sagen, ob dies ein extrinsischer Beweis ist oder ob die Sache selbst nicht erst durch den Beweis erzeugt wird.

Schließlich gibt es die Annäherung durch Opposition, was nicht genau dasselbe ist wie die Annäherung durch den Gegensatz, die aber ein sehr wichtiger und spezifisch psychoanalytischer Beweis ist. Dieser Beweis taucht am Anfang des II. Kapitels der *Drei Abhandlungen* auf, in dem Abschnitt »Vernachlässigung des Infantilen«. Der Beweis stützt sich auf die Tatsache, dass »die Gelehrten« systematisch die infantile Sexualität vernachlässigen. Es ist ein Beweis durch die Verdrängung. Tatsächlich sind die Gelehrten hier nur die Repräsentanten der Erwachsenen im Allgemeinen, die ihre eigene infantile Sexualität verdrängt haben und sie verurteilen, wenn sie sie in der Außenwelt wahrnehmen. Diese Phänomene würden nicht mit demselben Furor geächtet, der auch die sexuelle Perversion Erwachsener verurteilt, wenn sie nicht vor der äußeren Verurteilung Objekt einer inneren Verurteilung wären.

Sie sehen, diese Beweise erfordern eine neue Definition, die ihrerseits – dies füge ich persönlich hinzu – *die Notwendigkeit einer neuen Grundlegung* nach sich zieht.

Diese Definition der infantilen Sexualität von Freud verdient es, ganz wiedergegeben zu werden, in genauer Übersetzung:

Erstens erscheint sie »in Anlehnung an eine der lebenswichtigen Körperfunktionen«; zweitens »kennt sie noch kein Sexualobjekt, ist autoerotisch«; drittens

26 [Laplanche weist hier auf die etymologische Verwandtschaft von französisch *dérivation* »Ableitung« und *dérive* »Abdrift« hin; A. d. Ü]

steht »ihr Sexualziel […] unter der Herrschaft einer erogenen Zone« (Freud, 1905d, S. 83).

Alles findet sich hier, außer dem »Drang«: Ziel, Objekt und Quelle (die erogene Zone). Aber richten wir die Aufmerksamkeit auf die dominante Position der Anlehnung: Diese wird 1915 erst nachträglich eingeführt, sie steht aber am Anfang der Definition, als eine Art von – man kann sagen: sich abzeichnender – Wahrheit der infantilen Sexualität.

Genau wie die Verführung die Wahrheit der Anlehnung ist – wie ich ja immer wieder unterstreiche –, erscheint die Anlehnung als die nachträgliche Wahrheit der Ausführungen zum Autoerotismus und zu den erogenen Zonen. Das erste Element, die Anlehnung, ist dynamisch, es definiert und erzeugt zugleich, während die Aussagen zwei und drei wesentliche Probleme aufwerfen, bei denen sich die Diskussion in Details verlieren könnte: einerseits das Problem des *Biologischen*; denn das Ziel steht unter der Herrschaft einer erogenen Zone (das ist das dritte Element der Definition), und andererseits mit dem Autoerotismus das Problem des *Objekts* oder seiner Abwesenheit, das zur Frage des phantasmatischen Objekts führt.

Um klar zu machen, um was es geht, werde ich zu diesen beiden Fragen ein paar Worte sagen. Natürlich werde ich sie in der Diskussion um den Begriff der Anlehnung wieder aufnehmen und erweitern.

Problematische Beziehung des Ziels zur Quelle

Zunächst zum Problem des Biologischen, wie es im dritten Satz der Freud'schen Definition aufgeworfen wird: »ihr Sexualziel steht unter der Herrschaft einer erogenen Zone«; mit dem Satz gehen zwei eng miteinander verbundene Konsequenzen einher: einerseits das Primat der »Quelle«, andererseits eine Diskussion über die »Organlust«.

Sobald man sagt, dass das Ziel – das heißt die durchgeführte Handlung – *unter der Herrschaft* [i. O. deutsch] der Quelle steht, und die Quelle als erogene Zone definiert, führt das sofort zu einer großen Armseligkeit des Ziels: denn diese armselige erogene Zone, also die Lippen, der Anus oder der Penis, hat kein anderes Ziel als das Abschwellen oder etwas Vergleichbares. Auf der anderen Seite gerät man immer wieder neu in Versuchung, auch die Quelle ihrerseits zu biologisieren, das heißt die Bevorzugung der einen oder anderen Zone (warum diese oder jene Zone als erogene Zone gewählt wird) mit einem physiologischen Prozess in Verbindung zu bringen, vielleicht mit einer Ausschüttung von Sexualhormonen. Doch diese vorrangige Ausschüttung bestimmter Hormone wäre erst zu beweisen – nicht nur auf der Ebene der Genitalorgane, sondern zum Beispiel auch auf der Ebene der unterschiedlichen erogenen Zonen.

Hier sind die gegenwärtig vorgebrachten Argumente der Verteidiger einer biologischen infantilen Sexualität völlig widersprüchlich: Indem sie den Begriff der infantilen Sexualität auf bestimmte Tatsachen – wie die Erektionen beim männlichen Säugling – stützen, lassen sie ganz einfach beiseite, was mit Freud zur Diskussion steht: eine erweiterte, vorrangig außergenitale infantile Sexualität. Und auf der anderen Seite lassen sie die Frage der Sexualität des kleinen Mädchens außen vor – auf die Freud sehr genau geachtet hat – zugunsten der bloß genitalen Erregung des kleinen Jungen.

Gleichzeitig ist diese Idee einer engen Abhängigkeit des Ziels von einer somatischen Zone wirklich nur haltbar für einige Partialtriebe bzw. für einige besondere Schleimhäute, die immer wieder angeführt werden, während sie für andere erotische Lüste, wie z. B. für den von Freud sogenannten *Schautrieb* [i. O. deutsch], die Idee von einem Auge, das an- und abschwillt, als Erklärung ganz und gar nicht passt. Ein Voyeur ist sicherlich nicht auf der Suche nach einem Abschwellen des Auges, höchstens in einem sehr metaphorischen Sinne. Sie sehen, die Idee, die Sexualität würde aus einer somatischen Quelle oder erogenen Zone abgesondert werden, führt nicht sehr weit[27].

Problematische Beziehung zum Objekt: das phantasmatische Objekt

Ich komme nun zum anderen Problem, dem Autoerotismus, der durch die Abwesenheit eines *Objekts* definiert wird: Die infantile Sexualität »kennt [...] noch kein Sexualobjekt, ist autoerotisch« [Freud, 1905d, S. 83]. Das Hauptproblem hierbei ist die Frage: Ist sie ohne reales Objekt, aber mit einem Phantasieobjekt,

---

27 In Klammern möchte ich hier etwas zu einem kürzlich erschienenen und allzu unbemerkt gebliebenen Buch von Gérard Mendel einfügen, das den Titel trägt *La psychanalyse revisitée* (Mendel, 1988). Man kann Mendels Argumentation in diesem Buch in bestimmten Teilen sehr gut folgen, und besonders zwei Thesen, die ich, zu seinem Erstaunen, mit ihm teile: dem Nein zu einer biologischen infantilen Sexualität und dem Nein zur Vererbbarkeit archaischer Phantasien, also der berühmten Urphantasien. Gewisse Übereinstimmungen sind im Übrigen im Artikel von Amine A. Azar, »La malédiction des pharaons pèse-t-elle sur les psychanalystes?« [»Lastet der Fluch der Pharaonen auf den Psychoanalytikern?«; A. d. Ü.] (Azar, 1991) angemerkt worden.

oder ganz ohne Objekt? Wir müssen schon anerkennen, dass, wenn wir (Pontalis und ich im Artikel über Autoerotismus im *Vokabular der Psychoanalyse* oder in dem, was ich selbst über die Anlehnung geschrieben habe) sagen, dass der Autoerotismus an eine Phantasie geknüpft ist, dass wir *Freud dies sagen lassen möchten*, dass es dort aber nicht steht. Für Freud bedeutet Autoerotismus »ganz ohne Objekt«, weder außerhalb des eigenen Körpers noch phantasiert: ohne äußeres Objekt, auch ohne ein in der Phantasie »äußeres« Objekt.

Allerdings gibt es bei Freud eine Entwicklung, die damit verbunden ist, dass er die Sexualität in ein immer früheres Lebensalter verschiebt. Diese Zurückverlagerung der Sexualität geht einher mit einer Zurückverlagerung der Zeit, in der die Phantasie angesiedelt wird. 1905 stellen die *Drei Abhandlungen* ziemlich eindeutig die ganze Kindheit, die ohne Objekt, also »autoerotisch« sei, der Pubertät gegenüber, in der das Objekt erst entdeckt wird. Und (ebenfalls 1905) im Artikel »Meine Ansichten über die Rolle der Sexualität in der Ätiologie der Neurosen«, der gewisse biologistische Züge der *Drei Abhandlungen* unterstreicht und ergänzt, werden die Phantasien im Prinzip »in den Pubertätsjahren produziert« [Freud, 1906a, S. 154] und zurückprojiziert.

Dann kommen die ganzen Diskussionen der Wiener Vereinigung über die Onanie, die zwangsläufig Auswirkungen auf die Neudefinition des Autoerotismus haben; die Protokolle berichten davon.

1910 gab es eine erste Diskussion zur Onanie, doch die Debatte war so widersprüchlich, dass sie nach zwei oder drei Sitzungen abgebrochen wurde. 1911 wurde die Diskussion schrittweise wiederaufgenommen in acht Sitzungen, die im Abstand von ungefähr vierzehn Tagen stattfanden[28]. Andauernd geht es um die Frage der Phantasie oder des Phantasmas. Ich zitiere einige Diskussionsbeiträge zum Problem des Autoerotismus. Beitrag Federn (20): »Die Frage sei, *ob mit jeder Onanie eine sexuelle Phantasie* [sexuell ist unterstrichen (nicht in der dt. Ausgabe; A. d. Ü.), er muss das Wort betont haben; J. L.] *verknüpft sei* [i. O. deutsch; A. d. Ü.]«.

Auf diese gut gestellte Frage antwortet Stekel in der folgenden Sitzung präzise (33). »Stekel bezeichnet als Onanie jeden sexuellen Akt, der ohne Mithilfe einer anderen Person vollzogen wird, und möchte ihn unbeschadet der Phantasien als autoerotischen gelten lassen.« In jedem Fall, ob Phantasie oder nicht, handelt es sich dann um Autoerotismus, wenn es keine reale Person im Außen gibt.

Freud seinerseits hatte dies zuvor sehr lebhaft bestritten (22), er will »als Autoerotik in der Regel nur die ersten zwei Lebensjahre bezeichnen« und fügt

28 Die folgenden Zitate folgen Nunberg & Federn, 2008 [1976–1981], Bd. IV, S. 20–22.

hinzu, dass »die Onanie der späteren Zeit mit den Phantasien auf andere Personen [...] nicht mehr rein autoerotisch [sei]«. Also, sobald es ein äußeres Objekt gibt, auch in der Phantasie, ist es nicht mehr wirklich Autoerotismus.

In anderen Texten präzisiert Freud: Sie müssen klar zwischen drei Hauptperioden onanistischer Betätigung unterscheiden: von null bis zwei Jahren, von drei bis fünf Jahren, und dann die Pubertät. 1905 gab es Phantasie nur in der Pubertät. Hier rudert er deutlich zurück, wenn er für die Zeit zwischen drei und fünf Jahren die Existenz von Phantasien eingesteht. Aber er bleibt dabei, dass die wahre autoerotische Periode die allererste ist, dann wenn es keine Phantasie gibt.

Ich setze meine »Zusammenschau« mit Rosensteins (21) Diskussionsbeitrag fort: »Rosenstein bemerkt, die Frage nach den Phantasien *hänge* mit der Frage des Autoerotismus *zusammen* [i. O. deutsch; A. d. Ü.]; beziehen sich die Phantasien auf eine zweite Person, so ist die Masturbation nicht mehr rein autoerotisch«. So untermauert Rosenstein genau den Freud'schen Standpunkt: in dem Moment, in dem die Phantasie eine andere Person miteinbezieht, selbst wenn der Akt ganz allein begangen wird, muss man von Onanie sprechen und nicht von Autoerotismus. Und Rosenstein fährt fort: »Bei seiner Auffassung der unbewussten Phantasien nehme Federn [Federn hatte gesagt: es gibt vielleicht unbewusste Phantasien zwischen null und zwei Jahren; J. L.] das Unbewusste nicht bloß als das Verdrängte, sondern als den angeborenen Bestandteil der Psyche.«

So wird die Tür für Phantasien zwischen null und zwei Jahren geöffnet, Phantasien allerdings, die kein Niederschlag äußerer Beziehungen im Inneren des Subjekts, sondern die inneren Ursprungs sind – man denkt unmittelbar an das hereditäre, nicht verdrängte Es und an das, was bei Freud in der Folge daraus werden wird. Federn öffnet die Tür, könnte man sagen, durch die die Kleinianer strömen werden: mit ihrem Begriff von Phantasien, die keinen äußeren Ursprung haben, sondern die von Anfang an da sind.

Lesen wir noch einmal Susan Isaacs' Artikel »Wesen und Funktion der Phantasien« (Isaacs, 2016 [1948]), diesen Klassiker. Im Unterschied zum Freud von 1901–1915 situiert Susan Isaacs die Phantasie von Anfang an als unbewusste Phantasie. Es handle sich um unbewusste Phantasien endogenen Ursprungs. Immer wieder wurde es gesagt, und es ist ja auch wirklich so bei den Kleinianern: Von Anfang an ist das ganze Phantasieleben des Kindes im Innern vorhanden, selbst wenn es einen Aufhänger im Äußern finden kann. Und um diese Kleinianische Ansicht des Phantasielebens zu verstehen, muss man den Triebvorgang als einen zweiseitigen Prozess auffassen: zum einen als einen rein physiologischen Prozess und zum anderen als einen unbewussten psychischen Prozess, Vor- und Rückseite. Dies passt gut zu einer ganz bestimmten Linie innerhalb des Freudianismus, in der das Unbewusste vor das Bewusste gerückt wird, mit dem Vorrang auf einem gleichsam atavistischen Unbewussten, das von Anfang an existiert.

Ganz am Ende meiner Vorlesung werde ich noch einmal die Gelegenheit haben, auf diese Frage des Kleinianismus zurückzukommen, auf diesen Extrempunkt der endogenen Verirrung, die mich hier beschäftigt.

4. Februar 1992

Anlehnung: das Dieder

Anlehnung. In *Problématiques* III und IV (Laplanche, 1980c und Laplanche, 1981) habe ich verschiedene bildliche Darstellungen der Anlehnung gegeben. Das einfachste Bild ist das eines Dieders, das heißt einer Überschneidung zweier Ebenen, der Ebene der Selbsterhaltung und der Ebene der Sexualität; die Anlehnung ereignet sich auf der Überschneidungslinie.

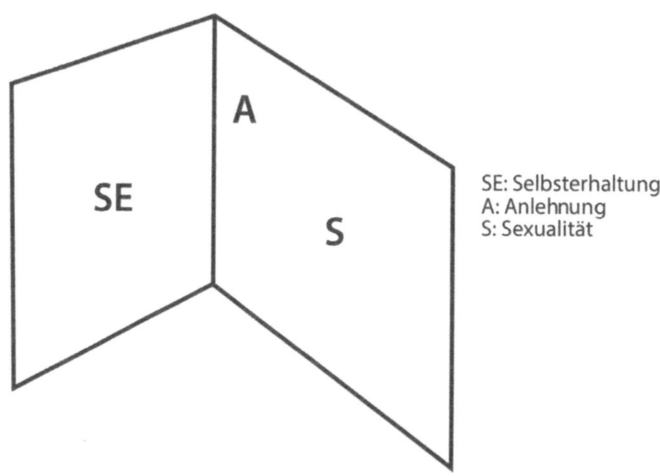

Abbildung 1

Ein dynamischeres Modell ist das mit zwei Pfeilen, die die beiden »Triebregungen« darstellen.

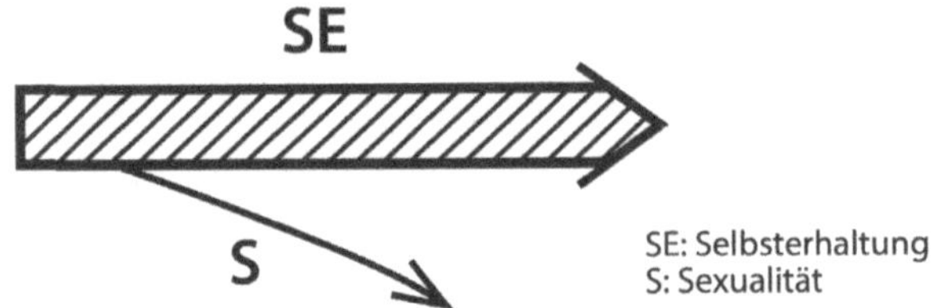

Abbildung 2

Ich zitiere zunächst die Schlüsselpassage aus den *Drei Abhandlungen*, ohne sie zu kommentieren, weil ich dies schon oft getan habe.

> »Es ist […] deutlich, daß die Handlung des lutschenden Kindes durch das Suchen nach einer – bereits erlebten und nun erinnerten – Lust bestimmt wird. Durch das rhythmische Saugen an einer Haut- oder Schleimhautstelle findet es dann im einfachsten Falle die Befriedigung. Es ist auch leicht zu erraten, bei welchen Anlässen das Kind die ersten Erfahrungen dieser Lust gemacht hat, die es nun zu erneuern strebt. Die erste und lebenswichtigste Tätigkeit des Kindes, das Saugen an der Mutterbrust (oder an ihren Surrogaten), muß es bereits mit dieser Lust vertraut gemacht haben. Wir würden sagen, die Lippen des Kindes haben sich benommen wie eine erogene Zone, und die Reizung durch den warmen Milchstrom war wohl die Ursache der Lustempfindung. Anfangs war wohl die Befriedigung der erogenen Zone mit der Befriedigung des Nahrungsbedürfnisses vergesellschaftet. Die Sexualbetätigung lehnt sich zunächst an eine der zur Lebenserhaltung dienenden Funktionen an und macht sich erst später von ihr selbständig[29]. Wer ein Kind gesättigt von der Brust zurücksinken sieht, mit geröteten Wangen und seligem Lächeln in Schlaf verfallen, der wird sich sagen müssen, daß dieses Bild auch für den Ausdruck der sexuellen Befriedigung im späteren Leben maßgebend bleibt. Nun wird das Bedürfnis nach Wiederholung der sexuellen Befriedigung von dem Bedürfnis nach Nahrungsaufnahme getrennt, eine Trennung, die unvermeidlich ist, wenn die Zähne erscheinen und die Nahrung nicht mehr ausschließlich eingesogen, sondern gekaut wird« (Freud, 1905d, S. 82).

29 Dieser Satz, der die ganze Passage *a posteriori* unter das Thema der Anlehnung stellt, wurde 1915 hinzugefügt.

Drei Lesarten der *Anlehnung*

Also, wie ist der Begriff Anlehnung zu verstehen? »Man leiht nur den Reichen«[30], sagt man. Allerdings kann man durchaus sagen, dass wir Freuds Begriff der Anlehnung, der nicht immer so klar ist, wie man sich das wünschte, angereichert haben; und manchmal würden wir das am liebsten wieder zurücknehmen, was wir Freud geliehen haben. Vereinfacht gesagt, gibt es drei mögliche Interpretationen dieser Verzahnung von Selbsterhaltung und Sexualität.

1) Eine arme, parallelistische Interpretation; 2) eine reiche Interpretation, im Sinne der Emergenz [der Sexualität; A. d. Ü.], die aber derart widersprüchlich ist, dass ihre Dialektik 3) zu einer umgekehrten Interpretation der Anlehnung führen kann.

Die armselige, parallelistische Lesart von *Anlehnung*

Die armselige Interpretation der Anlehnung ist letztlich Freud wörtlich genommen. Es gibt wenige Freud'sche Passagen über die Anlehnung, nämlich nur den eben zitierten Text und die Zusätze aus den *Drei Abhandlungen*, sowie eine einzige Passage in »Triebe und Triebschicksale«. Im Text über den »Narzißmus«, zu dem ich später zurückkommen werde, wird die Anlehnung als gegeben vorausgesetzt, ohne weitere Beschreibung. Diese »arme« Interpretation unterstellt eine Art genetischen Parallelismus zwischen den zwei Triebtypen, über den ich weiter oben schon gesagt habe, wie zweifelhaft er ist, selbst wenn er nur als deskriptive Analogie verstanden wird; denn es ist nicht sicher, ob ein und derselbe Triebbegriff geeignet ist, zugleich die Selbsterhaltung und die Sexualität zu bezeichnen. In einem solchen Modell würde ein Prozess kaum auf den anderen einwirken, mit Ausnahme des Auslösers, also auf der Ebene der »Quelle«. Die Funktion der Selbsterhaltung, in diesem Fall die Nahrungsaufnahme, ist der Anlass[31], durch den die erogene Zone, in diesem Fall die Lippen, stimuliert wird. Diese Stimulation würde in der Folge auf endogene Weise wiederholt werden. Somit gäbe es eine Art Verschiebung der Quelle: zwischen der Quelle der Selbsterhaltung (von der man kaum sagen kann, dass es sich um die Lippen handelt; denn kann man etwa sagen, dass die Lippen die Quelle des Hungers sind?), das heißt zwischen

30 [Frz. Sprichwort »On ne prête qu'aux riches«; A. d. Ü.]

31 »Es ist auch leicht zu erraten, bei welchen Anlässen das Kind die ersten Erfahrungen dieser Lust gemacht hat« [Freud, 1905d, S. 82].

dem somatischen Prozess als Ursprung des Hungers und einer sexuellen Quelle, die Freud in der Mundschleimhaut ausmacht.

Was wird uns in Bezug auf das *Ziel* gesagt? Nichts Konkretes, nichts wirklich Spezifisches. Das Ziel der Selbsterhaltung ist im Fall der Nahrung die Aufnahme und, im Fall der Ausscheidungszonen, die Ausscheidung. Ein solches Ziel ist aber in der autoerotischen Aktivität nicht zu finden:

> »Die Quelle des Triebes ist ein erregender Vorgang in einem Organ und das nächste Ziel des Triebes liegt in der Aufhebung dieses Organreizes« (Freud, 1905d, S. 67).

Hier haben wir die Idee der »Organlust«: Es gibt eine Spannung in den Lippen und es geht darum, sie aufzuheben; die Schleimhaut ist erregt, ob nun etwas hinein- oder hinausgeht, immer ist sie auf dieselbe Weise erregt; somit gibt es überhaupt keine direkte Ableitungsbeziehung zwischen der konsumatorischen Handlung (als Ziel) auf der Nahrungsebene und der konsumatorischen Handlung (ebenfalls das Ziel) auf der sexuellen Ebene.

Anstelle meines ersten Schemas hätte man vielmehr dieses Schema:

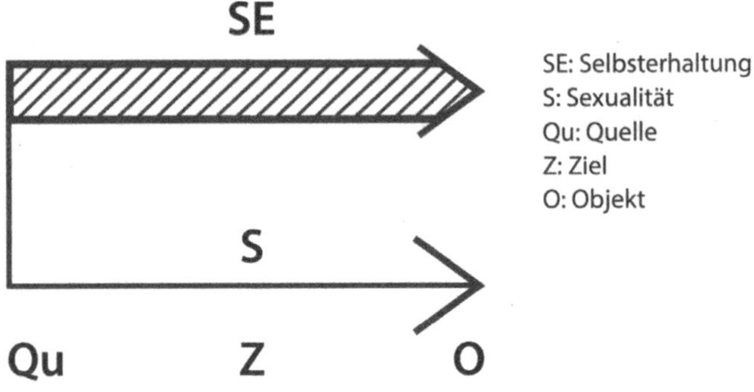

Abbildung 3

In Bezug auf das *Objekt* sind die Dinge widersprüchlich. Man muss natürlich zugeben, dass die Selbsterhaltung bei der Suche nach dem sexuellen Objekt die Richtung vorgibt (der Parallelismus der Abbildung 3), aber für Freud ist das Besondere der Sexualität, der Zeit, die ich in *Leben und Tod* als die reflexive oder die »auto«-Zeit des Autoerotismus genannt habe, dass sie keine Phantasie beinhaltet, dass also zwischen einem Objekt und einem anderen keine Symbolisierungsbeziehung möglich ist; ein Objekt ist einfach das *Ersatz*objekt am eigenen Körper. Der Daumen beim »Lutschen« ersetzt die Nahrung, jedoch rein mechanisch, und nicht auf der Bedeutungsebene.

Ein solcher *Parallelismus schadet in jeglicher Hinsicht*. Er schadet zunächst der Konzeption der Selbsterhaltung und ihren komplexen Mechanismen. In der Tat interessiert sich Freud überhaupt nicht für das Nahrungsbedürfnis, das seine Wurzel weder in den Lippen noch eigentlich im Magen hat, sondern in einer ganzen Reihe höchst komplizierter homöostatischer regulativer Prozesse. Ebenso ist die Quelle der Ausscheidung, der Defäkation natürlich nicht im Anus selbst zu suchen, sondern in Mechanismen, die vielleicht ein wenig einfacher sind als bei der Nahrungsaufnahme und die in der Physiologie der intestinalen Peristaltik gut beschrieben sind.

Aber dieser Parallelismus verdünnt vor allem auch das Konzept von Sexualität und die Frage nach ihrer Quelle, indem er ihr mit dem Lutschen ein zu bequemes Modell gibt; denn wenn Sexualität bloße Organlust ist, müsste man (und genau dagegen wende ich mich) nur das Sexualhormon unterschiedlich in der einen oder der anderen sogenannten erogenen Zone bzw. in dem einen oder anderen Teil des Körpers dosieren. Das heißt nicht, dass es nicht Körperzonen gibt, die sensibler sind als andere; doch diese Virtualität müssen wir auf die ganze Hautoberfläche ausweiten, sogar auf Mechanismen, die im Körper verankert sind, die aber komplexer sind, wie etwa der Sehsinn und die Muskeltätigkeit – davon spricht Freud im Zusammenhang mit den indirekten Quellen der Sexualität (vgl. dazu Laplanche, 2014 [1970], S. 45–47).

Dieser Parallelismus liefert also genau wie der Artikel »Triebe und Triebschicksale« in gewisser Weise eine recht dürftige Sichtweise, die weder die Selbsterhaltung noch die Sexualität noch die Beziehung zwischen beiden angemessen erfasst.

Die Emergenz-Lesart

Die zweite Interpretation rettet das Konzept der Anlehnung, indem sie darin eine Art von Emergenz sieht. Diese Interpretation wird in unserem Schema dargestellt, in dem der Pfeil der Selbsterhaltung und der zweite Pfeil der Sexualität zunächst parallel verlaufen und der zweite Pfeil sich dann zunehmend vom ersten entfernt (Abbildung 2). Sie finden die Erklärung hierzu im *Vokabular der Psychoanalyse*, wo der Begriff der Anlehnung wie gesagt zuerst dargelegt wurde, wie auch in *Leben und Tod in der Psychoanalyse*.

In diesem Schema gibt es nicht nur Stützendes, sondern zugleich auch Distanzierung und Anleihen. Jeder der Triebe arbeitet mit anderen Worten nicht nur für sich selbst. Schematisch beschrieben besteht die Anlehnung aus zwei Phasen: zuerst gibt es ein gemeinsames Funktionieren, dann kommt es zur Distanzierung und Abwendung. Freud sagt dies explizit in anderen Passagen: Die Sexualität fand ihre Befriedigung zunächst gleichzeitig mit der Nahrungsaufnahme, doch dann hat sie sich davon entfernt und wurde autoerotisch. Der Autoerotismus wäre also eine Wende, die Zeit eines Werdens und nicht ursprünglich. Ich habe mehr als einmal betont, wie die Theorie bei Freud verflacht, sobald er im Autoerotismus den anfänglichen Zustand des Menschen sieht, und nicht mehr eine zweite Phase.

Zuerst gibt es also ein Zusammenwirken, dann die Emergenz, die eine Verschiebung ist: Sie stellt so etwas wie eine Metabolisierung oder Symbolisierung dar, gemäß der allgemeinen Assoziationsprinzipien, die, ich wiederhole es, nicht nur im Denken, sondern auch beim Lebewesen zwangsläufig die Prinzipien von Kontiguität und Ähnlichkeit sind.

In dieser Interpretation, die für die Anlehnung positiv ist und sie rettet, ist das *Objekt der Selbsterhaltung* die Milch, während das *sexuelle Objekt* die Brust ist. Nun wird aber die Milch, das Nahrungsmittel, völlig vergessen, von den Kleinianern genauso wie von all jenen, die es versäumen, bei der Oralität zwei Ebenen zu unterscheiden. Denn wenn es für das menschliche Wesen von Anfang an darum gehen soll, sich die gute oder böse »Brust« einzuverleiben, dann ist alles gesagt; oder vielmehr ist dann nichts gesagt.

Ich habe Lacans Terminus des »metonymischen Objekts« aufgegriffen, er passt hier gut. Das Objekt, die Brust, befindet sich in einem Kontiguitätsverhältnis, genauer einer Beziehung Inhalt-Behälter, also in einer metonymischen Beziehung zur Milch. Diese metonymische Beziehung ist vielleicht auch eine metaphorische, und geht in der Folge in dem Komplex von Metaphern und Metonymien auf, den wir Symbolismus nennen. Die erste Ableitungslinie ist jedoch metonymisch.

Darüber hinaus gibt es außer der Unterscheidung zwischen Milch und Brust in diesem Schema eine Abwendung und ein Sich-Lösen; in dieser Bewegung des Pfeils, der mit sich selbst einen Kreis bildet, ist das, was mittels der Phantasie hineinprojiziert wird, was »halluziniert« wird (ich setze das Wort in Anführungsstrichen, Sie kennen meine grundlegenden Vorbehalte gegenüber dem Begriff der primären Halluzination), die Brust. Von daher ist es unsinnig, im »Befriedigungserlebnis« von einer halluzinatorischen Befriedigung eines *Bedürfnisses* zu sprechen. In jenem berühmten Gleichnis über die Ursprünge befindet Freud sich in einem Dilemma: Entweder von Anbeginn an das Sexuelle voraussetzen, und in diesem Fall ist nichts daraus zu folgern (das wäre die Kleinianische Position), oder aber das Sexuelle nicht voraussetzen, und in diesem Fall ist nicht zu erklären, wie es jemals entstehen könnte[32].

Diese Emergenztheorie macht das *Ziel* klarer. Es ist nicht mehr die einfache Entladung von Organlust an Ort und Stelle, stattdessen wird das Nahrungsziel zu einer Metapher und zu einer Phantasie. Wenn das Nahrungsziel die Aufnahme der Nahrung ist, wird das sexuelle Ziel die Einverleibung, abgeleitet aus dem Vorherigen – diesmal auf dem Weg der Ähnlichkeit, also der Metapher. Das Gleiche gilt für das Ziel der Analität, insofern das anale Ausstoßen die Metaphorisierung der Ausscheidung der Exkremente ist.

Was ist schließlich die *Quelle* in dieser Konzeption, die versucht, die Anlehnung dadurch zu retten, dass sie ihr einen Inhalt gibt? Es ist nicht mehr einfach nur die »Quelle« des Nahrungsbedürfnisses, die ab und zu die »sexuelle Quelle« wachruft. Die Nahrungs- (oder Ausscheidungs-)funktion insgesamt – zugleich Quelle, Ziel und Objekt: das Ganze der »Aktivität, die der Erhaltung des Lebens« dient –, dient als Quelle, indem sie eine Zone in Bewegung bringt, die mehr oder weniger dafür prädestiniert ist, sexuell zu werden.

Hauptschwierigkeiten dieser ptolemäisch-endogenen Lesart

Versuchen, Freud zu retten, wie dieser Kommentar es tut (»die Phänomene retten«, sagten die Astronomen immer, was eine zweideutige Aufforderung ist: nämlich entweder, so gut es geht, die Phänomene genau erfassen oder aber den Schein wahren, indem alle möglichen Ausflüchte angeführt werden – eine dieser Ausflüchte sind die Epizykeln); Freud zu retten, heißt zu versuchen, bei dieser Konzeption der Anlehnung aus der Hauptverirrung herauszukommen, nämlich aus einer vorrangig endogenen Sexualität, die von Ego ausgeht[33]. In dem oben abgebildeten Schema (Abbildung 3) gehen die Pfeile von links, von Ego, ab, egal wie man dieses versteht – sagen wir als einen Organismus –, und dann geht es darum, das Sexuelle durch eine Art Zaubertrick aus der Selbsterhaltung hervorgehen – oder, wie man nobler sagt, »emergieren« – zu lassen, ohne dass man merken soll, dass es von Anfang an da hineingelegt worden ist.

Glücklicherweise werden in dieser auf Emergenz beruhenden Interpretation *die großen Koordinaten selbst* (Objekt, Quelle und Ziel) erschüttert, *in Bewegung*

32 Zur Entfaltung dieses Punktes vgl. Laplanche, 2005 [1992], S. 27f.

33 Ego: das Individuum, von dem die Rede ist.

gesetzt. Im Parallelismus-Schema konnte ich jede von ihnen durch einen Buchstaben als Bezugspunkt bezeichnen (ABBILDUNG 3). Hier aber geht es nicht mehr einfach darum, zu sagen, dass es nicht dieselben sind, oder dass die eine aus der anderen hervorgeht. Ich habe [zwar] so getan, als würde eine aus der anderen hervorgehen, indem ich von metonymischem Objekt und metaphorischem Ziel gesprochen habe; aber nun versuche ich zu zeigen, dass es nicht nur der *Inhalt* der Quelle, des Ziels und des Objekts ist, der sich seinem Gegenstück entsprechend aus der Selbsterhaltung ableitet, sondern dass die *Begriffe* Quelle, Objekt und Ziel *selbst* wanken, nicht nur jeder für sich selbst, sondern auch in seinen Verbindungen zu den anderen.

Denn für jeden dieser Faktoren muss man zu jeder Zeit *die Phantasie miteinbeziehen.* Aber Vorsicht! Die Phantasie oder das Phantasma, das ist nicht einfach eine Einbildung des Wirklichen, es ist nicht einfach der psychische Aspekt des somatischen Phänomens. Die Phantasie liefert etwas anderes als eine einfache natürliche Ableitung. Von der Nahrungsaufnahme zur Einverleibung, also vom Selbsterhaltenden zum Sexuellen, *gibt es mehr und anderes als eine Psychisierung, sogar mehr und anderes als eine Symbolisierung.*

Nehmen wir uns noch einmal diese gewiss nun schon arg strapazierte Reihe – Quelle, Ziel, Objekt – vor, dieses Mal, um sie in Bewegung zu bringen.

Die *Quelle.* Die Quelle wird manchmal beschrieben mit Bezug auf eine spezifische Selbsterhaltungsfunktion, doch gilt dies nur für sehr begrenzte Fälle, die immer ein bisschen zu einfach sind und letztlich gilt das auch nur für recht wenige: die Lippen, den Anus, die äußeren Genitalorgane, die Harnöffnungen, also die Schleimhäute – was natürlich nicht zu vernachlässigen ist. Die fraglichen Schleimhäute sind von Natur aus Orte des Übergangs, die mechanischer Reibung unterworfen sind durch das, was hier passiert, und die erregt werden durch den einfachen Kontakt mit dem Flüssigen oder mit der Materie, die sie durchquert. Aber sie sind auch Orte des Austauschs mit der Außenwelt, und zunächst Orte des Austauschs im selbsterhaltenden Sinne, das heißt von Austauschprozessen des Organismus. Es sind auch die Orte der Pflege: Schon beim Tier sind die Orte des Durchgangs und des Austauschs an den Körperöffnungen auch die wichtigste Stelle der Reinlichkeitspflege. Schließlich sind es unserer Meinung nach Orte der Polarisierung: etwas Äußeres pfropft sich über die Pflege auf das endogene Funktionieren auf.

Doch gerät die Idee einer sexuellen Quelle, die lokal an eine Selbsterhaltungsfunktion gebunden ist, noch mehr ins Wanken, wenn wir die berühmten Schleimhäute verlassen (das heißt die Art von Quelle, bei denen die Beschreibung der Anlehnung am einfachsten und deshalb kanonisch ist). Wie kann man etwa eine selbsterhaltende Quelle ausfindig machen, wenn man die ganze Hautoberfläche als erotisch bezeichnet? Oder wenn Freud behauptet, dass jedes organische Funktionieren in eine sexuelle Erregung münden kann?

Bereits seit den *Drei Abhandlungen* verallgemeinert Freud die Dinge, indem er so weit geht anzunehmen, dass

> »nichts Bedeutsameres im Organismus vorfällt, was nicht seine Komponente zur Erregung des Sexualtriebes abzugeben hätte« (Freud, 1905d, S. 106).

Was er im *Ökonomischen Problem des Masochismus* so kommentiert:

> »Demnach müsste sogar die Schmerz- und Unlusterregung diese Folge haben. Diese libidinöse Miterregung bei Schmerz- und Unlustspannung wäre ein infantiler physiologischer Mechanismus, der späterhin versiegt« (Freud, 1924d, S. 375).

Ohne uns hier mit Freud auf das Problem des Masochismus einzulassen (vgl. Laplanche, 2005 [1992], S. 202–221), kann man festhalten, dass durch den Terminus »Miterregung« eine Erweiterung stattfindet. Es handelt sich nicht mehr wie in der Anlehnung im engeren Sinne um ein paralleles Funktionieren, das immer von Ego ausgeht: Jetzt kann eine Erschütterung des Organismus, die *anderswoher* kommt als von der Selbsterhaltungsfunktion, die sexuelle Erregung auslösen. Man sieht, welche Verallgemeinerung der »Quelle« sich abzeichnet. Die Quelle wird exogene Erschütterung, Einpflanzung eines fremden Körpers. Die Frage des Ursprungs verkehrt sich plötzlich in die Verallgemeinerung, dass es nichts Endogenes gibt, was nicht ein implantiertes Exogenes enthält. Die Quelle ist hier kein körperlicher Ort mehr, aus dem zwei Vorgänge, einer selbsterhaltend und der andere sexuell, nebeneinander heraussprudeln würden. Das Wort »Quelle« selbst ist nicht mehr brauchbar, wenn man es als etwas versteht, aus dem auf natürliche Weise etwas herausfließt: die Sexualität fließt nicht aus der Quelle heraus wie Wasser.

Das Ziel. Es gilt zu zeigen, wie sich auch das Ziel dialektisch bewegt. Denn selbst im ewigen Nahrungsmodell geschieht der Übergang von der Selbsterhaltung zur Sexualität nicht einfach metaphorisch: Der Übergang von der *Nahrungsaufnahme* zur *Einverleibung* ist viel mehr als eine einfache Analogie. Zunächst einmal bedeutet »einverleiben« nicht nur in die Psyche einführen, sondern metabolisieren, zerstören, in sich neu schaffen – alles Dinge, die nicht zur unmittelbaren Erfahrung des Essvorgangs gehören. Aber da ist noch mehr, denn die *Phantasie* des oralen Ziels geht deutlich weiter. Die berühmte orale Triade, die

Bertram Lewin zu definieren versucht: essen – gegessen werden – schlafen, ist sehr viel mehr als eine einfache Verschiebung der Nahrungsaufnahme; sie bezieht insbesondere die passive Situation gegessen zu werden ein – eine Situation, die vielleicht, auf der Ebene der Phantasie, ursprünglich ist. Das sexuelle Ziel ist nie ein einfaches Korrelat einer physiologischen Aktivität.

Ich habe noch einmal in einer ziemlich alten Nummer der *Nouvelle Revue de Psychanalyse* gelesen, die dem Thema »Kannibalismus« gewidmet ist – Kannibalismus im ethnologischen Sinne verstanden und in dem Sinne, in dem die Psychoanalyse ihn sozusagen kolonisiert hat. In dieser Ausgabe ist der einzige im eigentlichen Sinne psychoanalytische Artikel der von André Green mit dem Titel »Cannibalisme: réalité ou fantasme agi« [»Kannibalismus: Realität oder agiertes Phantasma«; A. d. Ü.].

In der Absicht, eine Genese der Phantasie zu entwerfen, beschreibt Green dort so etwas wie ein Modell des Befriedigungserlebnisses, das, wie es scheint, dahin führt es zu verdoppeln; er unterscheidet zwei Formen der Befriedigung:

> »Es gibt Gründe, hier die im Laufe der Befriedigung eines Triebes auftretende phantasmatische Aktivität von derjenigen zu unterscheiden, die bei fehlender Befriedigung und aufgrund fehlender Befriedigung auftritt« (Green, 1972, S. 45).

Erinnern wir uns, dass es auch in der Freud'schen Beschreibung zwei Momente gibt. Aber der erste (in Gegenwart des Objekts) war selbsterhaltend und ohne Phantasie, der zweite (in Abwesenheit des Objekts) war sexuell und mit Phantasie. Auch wenn man sich fragen muss, wie das Sexuelle denn »in« das Selbsterhaltende »kommen« kann[34].

Ich zitiere weiter Green und kommentiere in eckigen Klammern:

> »Dem ersten Typ [d. h. Phantasie bei gleichzeitiger Befriedigung] entspräche die Phantasie als psychisches Äquivalent des Triebfunktionierens (seit der Arbeit Susan Isaacs' wird diese Auffassung von den Kleinianern vertreten) [Aber ist dieser Moment sexuell? kann es eine nicht sexuelle Phantasie geben? J. L.]; dem zweiten Typus entspräche die eigentliche Phantasie [die »eigentliche« Phantasie: die andere wäre

34 Zweifellos so wie »der Geist zu den Mädchen kommt« (diesem bekannten Motiv der Schelmenliteratur angefangen bei La Fontaines Fabel II,1 [»Gegen die Krittler«; A. d. Ü.] bis hin zu *Mitsou* [*ou Comment l'esprit vient aux filles;* A. d. Ü.] von Colette [Roman von 1919; dt. Übersetzung 1927; 2000 neu übersetzt von Alexandra Auer; A. d. Ü.]. Für eine Kritik der »Befriedigungserfahrung« siehe auch Laplanche, 2005 [1992], S. 28f.

> also keine? J. L.] als Ersatz für die fehlende Triebbefriedigung. Dementsprechend könnte man im gegenwärtigen Fall sagen, dass statt der Brust die kannibalistische Einverleibungsphantasie einverleibt wird« (Green, 1972, S. 45).

Was bedeutet dieser letzte Satz? Von wo könnte denn diese Einverleibungsphantasie herrühren, die … einzuverleiben ist? Was Green vorschlägt, lässt sich höchstens so verstehen, dass es die kannibalische Einverleibungsphantasie der Eltern ist, die einverleibt wird. Leider geht Green nicht soweit, sich die Verführungstheorie zu eigen zu machen: Er will zugleich S. Isaacs und ihre endogene Konzeption retten und noch etwas völlig Anderes, das, angesichts der fehlenden Befriedigung, auf die *Präsenz* der elterlichen Botschaft hinauslaufen müsste. Zum Ausdruck, die Einverleibungsphantasie trete »an die Stelle der Brust« [*au lieu du sein;* A. d. Ü.], möchte ich anmerken, dass er zweifach verstanden werden kann: »an den Platz von«, aber auch »am Ort« der Brust. Die kannibalische Phantasie wird in den Körper implantiert, an der Stelle, wo die Brust ist.

Wir sehen, dass in einer Konzeption, die die Anlehnung retten möchte, die Quelle und das Ziel, wie auch die Beziehung zwischen Quelle und Ziel ins Wanken geraten, da das Ziel, das sozusagen aus der Quelle abgesondert wurde (das ist ja das eigentliche Bild der »Quelle«, das nicht einmal bei der Selbsterhaltung zutreffend ist), das Ziel, insofern es an die Phantasie geknüpft wird, plötzlich die Position der Quelle einnimmt. Gleiches gilt für das »Objekt«.

Auf die Widersprüche des Objekts werde ich nächstes Mal eingehen. Heute werde ich zum Schluss einfach noch einmal aus den Protokollen der Wiener Psychoanalytischen Vereinigung zitieren, nämlich aus dem Protokoll 159, der Sitzung vom 24. Januar 1912, die der vierten Diskussion über Onanie gewidmet ist; ich kommentiere wieder in eckigen Klammern:

> »Da die Kinderonanie eine so allgemeine Tatsache ist und so schlecht erinnert wird, so muss es dafür ein Äquivalent im psychischen Leben geben. Dieses findet sich tatsächlich in der bei den meisten Patientinnen [vermutlich handelt es sich um Patientinnen, über die im Einleitungsreferat der Sitzung berichtet worden ist; J. L.] anzutreffenden Phantasie, der Vater habe sie in der Kindheit verführt. Das ist die spätere Umarbeitung, welche die Erinnerung an die infantile Sexualität verdecken soll und eine Entschuldigung und Beschönigung derselben darstellt. Der Kern von Wahrheit, den sie [diese Verführungsphantasie durch den Vater; J. L.] enthält, ist darin gelegen, dass der Vater tatsächlich durch seine *harmlosen Zärtlichkeiten* [i. O. deutsch; A. d. Ü.] in der allerersten Kinderzeit die Sexualität des kleinen Mädchens geweckt hat (für den Knaben und seine Mutter gilt das gleiche.) [Sie sehen, dass

> Freud zu dieser Zeit 1912 der Beziehung Mutter – Kind keinerlei Priorität einräumt, da er ja noch von einer völligen Symmetrie: Vater/Tochter, Mutter/Sohn ausgeht, die in der Folge verschwinden wird; J. L.]. Dieselben zärtlichen Väter sind es dann auch, welche sich bemühen, dem Kinde die Masturbation, deren *unschuldige Ursache* [i. O. deutsch; A. d. Ü.] sie geworden waren, abzugewöhnen. Und so mischen sich die Motive in der glücklichsten Weise zur Bildung dieser Phantasie, die oft das ganze Leben des Weibes beherrscht (Verführungsphantasie): ein Stück Wahrheit, ein Stück Liebesbefriedigung und ein Stück Rache.«

Diese Passage ist umso amüsanter, als sie die vor 1897 vertretene Theorie völlig umkehrt. Der Vater ist hier unschuldig, während das kleine Mädchen sexuell ist. Die Termini sind auch genau umgekehrt als diejenigen Ferenczis: Nicht das Kind spricht die Sprache der »Zärtlichkeit«, sondern der Erwachsene. Freud vergisst, sich die zentrale Frage aus den *Drei Abhandlungen* zu stellen: Wenn der Vater harmlos und unschuldig ist, warum bestraft er dann die Masturbation? Warum würde er das, was er provoziert hat, bestrafen, wenn er es nicht im Innern verurteilen würde? Er ist vielleicht auf der bewussten Ebene unschuldig, sicher, aber unbewusst verdrängt er zunächst in sich das, was er dann im Außen ahndet: die Sexualität.

Sie sehen, wie 1912, mitten in der Phase der Verirrung, eine Passage wie diese weiterhin diesem Körnchen Wahrheit genannt Verführung Gerechtigkeit widerfahren lässt; aber an dieser Verführung muss der Verführer unschuldig sein.

11. Februar 1992

Weitere Schwierigkeiten: das Hindernis des Endogenismus sprengen

Ich rekapituliere unsere letzten Etappen: das Konzept der Anlehnung dialektisieren, es in dem Maße »aufsprengen«, als es ein Hindernis darstellt und als es für einen Endogenismus des sexuellen Triebes die Rettung sein könnte. Dabei war ich zwei Interpretationen durchgegangen: eine, die ich »parallelistisch« genannt habe und eine andere, die von einer »Emergenz« ausging; dabei habe ich das letzte Mal für die verschiedenen Elemente (mit Ausnahme des Objekts) zu zeigen versucht, dass man die Anlehnung nicht retten kann, ohne sowohl das Schema des sexuellen Triebes als auch das der sogenannten Selbsterhaltung und die Art ihrer Beziehung infrage zu stellen.

Wir waren beim Thema Objekt stehen geblieben; ich hatte gesagt, dass in der auf Emergenz und Symbolisierung basierenden Interpretation das sexuelle Objekt – die Brust, um bei diesem Modell zu bleiben – im Wesentlichen metonymisch (der Behälter steht zum Inhalt in einer Kontiguitätsbeziehung) aus dem Objekt der Selbsterhaltung, das heißt der Milch, abgeleitet ist. Ich ergänze jetzt, dass das sehr verkürzt ist. Denn die Brust steht auch sinnbildlich für die orale Sexualität; sie ist nicht nur etwas, das im Körper enthalten ist, sie ist auch, so kann man sagen, ohne das Wort überzustrapazieren: ein Signifikant, ein Teil der Botschaft. Ich komme darauf zurück.

Aber selbst die Milch, auf die sich dieses Modell beruft, wird von Freud nicht als solche, als Objekt der Nahrungsaufnahme bezeichnet. Und was ist im Übrigen das Objekt des allerersten Nahrungsverhaltens? Es ist vermutlich nicht die Milch alleine. Bedeutet die Milch in ihrer reinen Materialität etwas für das kleine Lebewesen, sei es nun menschlich oder nicht? Gießen Sie Milch in eine Schale, nur wenige Tiere werden sie sofort trinken; selbst eine kleine Katze muss man ein wenig mit der Nase darauf stoßen. Die Milch ist von sich heraus nicht eng mit einem Verhalten verknüpft.

Ich meine – und betone dies umso mehr, als man mich manchmal dafür kritisiert, dass sich meine Theoretisierung zu weit von der Beobachtung entfernt –, dass in diesem Bereich die tierische, aber auch die menschliche Ethologie das letzte Wort hat, also die konkrete Säuglingsbeobachtung. Ich habe dies bereits in den *Neuen Grundlagen* betont (Laplanche, 2011 [1987]): Die Psychoanalyse befindet sich hier in einem Grenzbereich, sie hat hier keine volle Daseinsberechtigung; die menschliche Sexualität findet hier nicht ihre Letztbegründung, aber die Psychoanalyse kann ihr eigenes Objekt nicht denken, ohne den konkreten Entwicklungen der Psychologie und besonders der Tierpsychologie Rechnung zu tragen. Ich halte es auf jeden Fall für wahrscheinlich, dass das Nahrungsmittel Teil eines komplexen Objektganzen ist: die warme Milch, die warme Brust, die Mutter; die Suche zielt nicht nur auf das Nahrungsmittel, sondern auf die Wärme, mit einem oder mit mehreren *Auslösern*, das heißt mit Wahrnehmungskomplexen, die das Essverhalten triggern. Es ist wahrscheinlich, dass das Nahrungsverhalten im strengen Sinne nur künstlich von anderen ebenso grundlegenden Bedürfnissen getrennt werden kann: von dem Bedürfnis nach Wärme, dem Anklammerungsbedürfnis, mit Vorrichtungen des *grasping* und *(rooting)*, des Sich-Verwurzelns im mütterlichen Schoß.

Zwischen »Triebe und Triebschicksale« und »Zur Einführung des Narzißmus«

Jedenfalls ist es sicher falsch und unvollständig, wenn Freud vorgibt, dass das angeborene und präformierte Nahrungsobjekt, das Objekt des »oralen Triebes«, die Brust sei; an der Brust wird gesaugt, sie wird nicht in sich aufgenommen. Dass man aber im Gegenteil, so wie in dem eher abstrakten Modell, an das ich das letzte Mal erinnert habe, die Selbsterhaltung auf die Milch reduziert, ist fast genauso falsch und geschieht rein didaktisch. Es ist ein falsches Modell insofern, als es das Freud'sche Schema retten will, das eine Art »Mischung« zwischen Selbsterhaltung und Sexualität darstellt, und es ist ein Schema des Triebes mit Quelle, Objekt und Ziel, das sich schließlich weder auf das eine noch auf das andere gut anwenden lässt. Dieses Schema stammt aus »Triebe und Triebschicksale«, einem relativ dogmatischen Text von 1915, der ein Modell des Triebes im Allgemeinen beschreibt, das der Selbsterhaltung und der Sexualität gemeinsam sei und kurze Zeit später verschwinden wird, nämlich in der Bewegung, die uns zu den zwei großen *Trieben* [i. O. deutsch] des Lebens und des Todes führen wird.

Während »Triebe und Triebschicksale« ziemlich dogmatisch ist, ist der Text von 1914 »Zur Einführung des Narzißmus« sehr viel suchender. Sicher,

»Triebe und Triebschicksale« scheint das Problem des *Objekts* in Bezug auf die Sexualtriebe und die Selbsterhaltungstriebe auszudifferenzieren, aber mit seiner Parallelsetzung tut der Text dies auf der Basis desselben Schemas:

> »Ein Anteil der Sexualtriebe ist, wie wir wissen, dieser autoerotischen Befriedigung fähig, eignet sich also zum Träger der nachstehend geschilderten Entwicklung unter der Herrschaft des Lustprinzips [dies ist also eine Entwicklung ohne Objekt; J. L.]. Die Sexualtriebe, welche von vornherein ein Objekt fordern, und die autoerotisch niemals zu befriedigenden Bedürfnisse der Ichtriebe stören natürlich diesen Zustand und bereiten die Fortschritte vor« (Freud, 1915c, S. 227, Fn. 1).

Es geht mir nicht um diese neue, angreifbare Unterscheidung zwischen autoerotischen sexuellen Trieben und sexuellen Trieben, die von Anfang an ein Objekt erfordern[35], sondern um die Idee, dass die Selbsterhaltungstriebe, die Triebe »des Ich« genannt werden (ich gehe nicht auf diesen terminologischen Unterschied ein), »autoerotisch niemals zu befriedigen[.]« sind. Natürlich kommt Freud ein wenig aus dem Konzept, wenn er den Terminus »autoerotisch« für Triebe verwendet, die genau nicht … erotisch sind. Aber man versteht, was er sagen will: Es sind dies Triebe, bei denen es niemals möglich ist, sie »auto«, also in sich selbst und durch sich selbst zu befriedigen, denn sie streben von Anfang an nach einem äußeren Objekt. Es gibt hier die unbestreitbare Idee, dass das »selbsterhaltende« Funktionieren (ich setze das Wort in Anführungsstriche, um zu signalisieren, dass es nur das Etikett für etwas Zusammengesetztes ist) von Anfang an *offen* ist für die äußere Welt. Aber genau dieses non-solipsistische Funktionieren, diese Öffnung schließt sich wieder im Freud'schen Denken, wenn die Selbsterhaltung mit einem Mal vom sexuellen Modell geschluckt werden wird. Hierauf komme ich später noch einmal zurück. Schon auf der Ebene der Ernährung, sofern sie als primäres Bedürfnis aufgefasst wird – dem einzigen, auf das Freud und wir selbst immer wieder zurückkommen –, ist das Objekt ja schon Teil von etwas Zusammengesetztem, das den anderen Körper implizit miteinbezieht, nicht nur weil dieser die Milch beisteuert, sondern auch weil er Wärme, einen Nistplatz, Unterstützung bedeutet.

Aber was passiert, wenn man versucht, auf das ewige orale Beispiel zu verzichten? Wenn wir dieser Abfolge auf der analen Ebene oder auf der urinalen Ebene folgen, die ja die großen Anlehnungstypen sind, die auf die Oralität folgen, kann man dann noch auf der Selbsterhaltungsebene von irgendetwas sprechen, das

35 Meiner Meinung nach sind sie *alle* autoerotisch und sie haben *alle* von Anfang an ein Objekt.

dem ähnelt, was Freud als einen Trieb beschreibt? Ist der Stuhlgang das Selbsterhaltungsobjekt? Verkörpert er das Objekt, auf das die Ausscheidungsfunktion abzielt? Ein Objekt im Übrigen, das am Anfang kaum als solches wahrgenommen wird, denn wie wir wissen, wird der Stuhl vom Säugling nicht einmal als Ding erfasst. Der fäkale Klumpen als gefestigte Einheit kommt erst später. Dies gilt noch mehr für das Urinieren. Was wäre in diesem Fall dieses von vorneherein äußerliche Objekt, von dem Freud spricht? Was bleibt vom Schema Quelle – Ziel – Objekt? Und dennoch ist es in Bezug auf die Analität, und nur in Bezug auf sie, dass in den *Drei Abhandlungen* 1905 zum ersten Mal das Wort »Anlehnung« aufgetaucht ist!

Was ich hier zu zeigen versuche, könnte man genauso gut an der urinalen Funktion zeigen. Aber seien wir nicht zu pingelig. Dennoch gilt, dass in all diesen Fällen die Idee von individualisierbaren Selbsterhaltungstrieben völlig illusorisch ist. Es gibt einerseits ein Appetenzverhalten, das von Anfang an offen ist für den Dialog mit dem Anderen, dem erwachsenen Partner, dem Elternteil; und es gibt – davon grundverschieden – Bedürfnisse, physiologische Mechanismen, die zunächst einmal nicht den Anderen ins Spiel bringen, ja nicht einmal ein »Objekt«.

Was bliebe, wenn man sich an dieses Schema hielte, von der Anlehnung in Bezug auf das Objekt? Nichts außer dieser armseligen Ableitung: Nahrung (Milch) – Brust. Alles dagegen, wenn man nun einen Schritt weitergeht und »Zur Einführung des Narzißmus« zu Rate zieht.

Probebohrungen in »Zur Einführung des Narzißmus«

Diesen Essay »Zur Einführung des Narzißmus« werde ich nur in sehr begrenztem Maße behandeln. Er ist ein Übergangstext mit gewaltigen Neuerungen, die aber sehr schnell verdeckt oder in andere Zusammenhänge aufgenommen und umgeleitet werden. Wir werden später versuchen, einige diese Neuerungen deutlich zu machen. Doch heute interessiert mich ausschließlich die Anlehnung.

Nun, vor Laplanche und Pontalis, war der Terminus »étayage«, oder vielmehr *Anlehnung* [i. O. deutsch] bei Freud nur in diesem Text aufgespürt worden; und zwar mithilfe der englischen Übersetzung Stracheys, dem Kunstwort *anaclisis* oder *anaklitisch*[36], das aber wieder alles unkenntlich gemacht hat.

36 [Vgl. Stracheys diesbezügliche Anmerkung in der *Standard Edition*; Strachey verwendet *anaclisis/anaclitic;* »Anlehnungstypus der Objektwahl« übersetzt er mit »the anaclitic or leaning on type of object-choice« A. d. Ü.]

Das Wort erscheint hier also im Ausdruck *Anlehnungstypus der Objektwahl* [i. O. deutsch]: die Objektwahl erfolgt gemäß dem »anaklitischen« Typus = durch Anlehnung.

Es gibt da eine interessante Nachträglichkeitsbewegung. Freud entdeckt die Anlehnung 1914, aber in der Folge wird der Begriff nachträglich auf den Text der *Drei Abhandlungen* zurückwirken und dessen Ausgabe verändern. In der Tat ist diese »Anlehnung« im *Narzissmus* [i. O. deutsch] im Vergleich zur ursprünglichen Konzeption zugleich ähnlich und verschieden. Ich zitiere und kommentiere die zentrale Passage von 1914.

> »Die ersten autoerotischen sexuellen Befriedigungen werden *im Anschluß an* [i. O. deutsch; A. d. Ü.] lebenswichtige, der Selbsterhaltung dienende Funktionen erlebt. Die Sexualtriebe lehnen sich zunächst an die Befriedigung der Ichtriebe an [auch hier bitte ich Sie, provisorisch den Terminus »Triebe des Ich« im Sinne von »Selbsterhaltungstriebe« zu verstehen. Diejenigen, die in dieser Hinsicht neugierig sind, können den Artikel »Ichtriebe« im *Vokabular der Psychoanalyse* lesen. Die Sache ist sehr komplex bei Freud, jedoch für meine heutige Absicht völlig ausreichend; J. L.], machen sich erst später von den letzteren selbständig [bis hierher, Sie sehen es, ist es nichts anderes als das Schema der Anlehnung, wie ich es zuvor vorgestellt habe; J. L.]; die Anlehnung zeigt sich aber noch darin, daß die Personen, welche mit der Ernährung, Pflege, dem Schutz des Kindes zu tun haben, zu den ersten Sexualobjekten werden, also zunächst die Mutter oder ihr Ersatz« (Freud, 1914c, S. 153f.).

Der zentrale Ort der Selbsterhaltung, Übergang zur »Zärtlichkeit«

Es gibt hier eine wesentliche Veränderung: Plötzlich wird das Partialobjekt verlassen – und die Schritt für Schritt-Interpretation der Anlehnung, die ich zu liefern versucht habe – und es folgt ein Übergang zum *Anderen der Selbsterhaltung*; ja, mehr noch, es bleibt nicht bei der Ernährung, sondern wird auf »Personen, welche mit der Ernährung, Pflege, dem Schutz des Kindes zu tun haben« ausgedehnt; von diesem Anderen, diesem Partner der Selbsterhaltung, wird dann etwas später eine doppelte Version gegeben; einmal ist es nur die Frau:

> »Wir sagen, der Mensch habe zwei ursprüngliche Sexualobjekte: sich selbst [im Narzissmus; J. L.] und das pflegende Weib« (Freud, 1914c, S. 154).

ein andermal lässt Freud dagegen zwei Figuren von hohem Allgemeinheitsgrad auftreten, indem er den Schutz hinzufügt: »Man liebt [...] nach dem Anlehnungstypus: a) die nährende Frau [es ist nicht die Mutter, es ist allgemeiner; J. L.]; b) den schützenden Mann« (Freud, 1914c, S. 156f.). Ernährung, Pflege, Schutz (das sind ganz schön viele Dinge) sind mehr oder weniger arbiträr verteilt zwischen den beiden Figuren, die ich emblematisch nenne (warum würde die Mutter oder die Frau nicht schützen? Und wir wissen, dass auch der Mann ernähren kann ... es ist nicht der Geschlechtsunterschied, der hier zählt); achten Sie auch auf die Aktivität: es ist nicht die Frau, an der man saugt, es ist die Frau, die ernährt, es ist der Mann, der beschützt: Die vom Verb signalisierte *Aktivität ist auf der Seite des Anderen.*

All dies liefert also ein Gegengewicht zu diesem Terminus der »Selbsterhaltung« und zu einer zu engen Interpretation, bei der man allzu oft bei der »Ernährung« stehen bleibt: einer Selbsterhaltung, die manchmal auch von Freud in voneinander getrennte Triebe mit sehr spezifischen Teilstrukturen zerstückelt wird, die freilich auch allzu heterogen und ziemlich ungenügend erscheinen. Der Terminus »Selbsterhaltung« ist, wie der der »Sexualität«, offensichtlich Teil eines Freud'schen *Prosaismus*, der nicht ohne Nutzen ist (ich will damit sagen, dass man sich davor hüten muss, in das Pathos einzutreten ... wie wir es bald mit dem EROS tun werden). Mit der Selbsterhaltung hält Freud an etwas extrem Irdenem fest, etwas »Alimentärem«, und wir sollten ihm dies nicht unbedacht vorwerfen: Schließlich ist es besser, prosaisch aufzutreten, als ein zügelloser *Schwärmer* [i. O. deutsch] zu sein, der sich von grandiosen enthusiastischen Visionen nährt; die Grandiosität ist nicht Freuds Sache. Also besser so. Dennoch müssen wir sagen, dass der Terminus der »Selbsterhaltung« nicht ausreicht. Freud führt parallel dazu mit den Termini »Zärtlichkeit« und »Sinnlichkeit« zeitweilig einen anderen, aber anschaulicheren Gegensatz ein: den Gegensatz zwischen einer zärtlichen und einer sinnlichen Strömung. Wir sind auf diesen Terminus »Zärtlichkeit« schon letztes Mal gestoßen, in dieser amüsanten Passage der Protokolle der Wiener Vereinigung, wo von den *Zärtlichkeiten* [i. O. deutsch] die Rede ist, die von einem Vater ausgehen, der sein Kind – in aller Unschuld! – verführt. Später hat der modernere Terminus »Bindung« [*attachement*; A. d. Ü.] bei den Psychologen den der »Zärtlichkeit« abgelöst und ergänzt. Es hat Studien, Bücher, Symposien über den heute, vielleicht zu Unrecht, veralteten[37] Terminus Bindung [*attachement*; A. d. Ü.] gegeben. Jedenfalls laden uns all diese Termini ein, anzuerkennen,

37 1992 veraltet, 2006 wieder in Mode gekommen [2006 ist das Erscheinungsdatum des vorliegenden Bandes auf Französisch; A. d. Ü.].

was man nicht bestreiten kann: dass die Liebe verankert ist in lebenswichtigen, biologisch verwurzelten tierischen Verhaltensweisen.

Über die Liebe will ich weder dieses Mal noch in den folgenden Stunden diskutieren: Aber für Freud ist Liebe immer eine Art Gemisch aus drei variablen Elementen. Einerseits Zärtlichkeit, als biologischer Faktor, der an zum Teil angeborene, zum Teil erworbene Verhaltensweisen gebunden ist, oder an von Ethologen gut beschriebene Phänomene wie das der Prägung (vgl. die anrührende und unauflösliche Bindung [*attachement;* A. d. Ü.] von Lorenz' berühmten Gänsen): all das gehört zur Strömung, die man zärtlich oder Bindung [*attachement;* A. d. Ü.] nennen kann. Das zweite Element ist natürlich die Sexualität; und das dritte ist der Teil der Sexualität, den wir als Narzissmus kennen und von dem wir demnächst sprechen werden.

Ferenczi: Vorahnung der Verführungstheorie

Man findet diesen Terminus der »Zärtlichkeit« auch in anderen Kontexten, namentlich bei Ferenczi in diesem berühmten Artikel über die »Sprachverwirrung zwischen den Erwachsenen und dem Kind«, in dem Ferenczi etwas von dem begreift, was Freud in Bezug auf die Verführung verdrängt hatte[38].

Ich habe oft meine Differenzen zu Ferenczi deutlich gemacht und könnte weitere nennen, zum Beispiel: Ferenczi teilt mit Freud diese Vorstellung, dass es immer nur um Pathologisches geht. Ferenczi bleibt wie Freud auf die Idee beschränkt, dass es nicht um die Herausbildung des Unbewussten, des Verdrängten im Allgemeinen geht, sondern immer nur um pathologische Fälle von Traumatisierung und Verführung.

Der Artikel über »Sprachverwirrung« stellt explizit zwei »Sprachen« einander gegenüber: die Sprache der Zärtlichkeit, die ganz auf der Seite des Kindes wäre, und die Sprache der Leidenschaft, die ganz auf der Seite des Erwachsenen wäre. Mit dieser Aufteilung bin ich von vornherein nicht einverstanden, weil nach meiner

---

38 [Ferenczi, 2004 (1933)] Ferenczi und das Thema Verführung wären noch genauer, zuallererst historisch, aufzuarbeiten; allein um genauer zu wissen, welche Versuche er unternommen hat, um den »Panzerschrank« der Freud'schen Verführung zu knacken: das, was von Freud verbannt und beiseite gelassen worden ist – obwohl Ferenczi weder den *Entwurf einer Psychologie* [Freud, 1950c (1895); i. O. deutsch] noch die Fließ-Briefe zur Verfügung hatte. Was ist ihm gelungen zu erkennen? Es gibt in der Tat einen Ferenczi, den man »arbeiten lassen« muss, jenseits aller Versuche der Ferenczianer, sein Werk zu annektieren.

Ansicht die Zärtlichkeit auf beiden Seiten anzutreffen ist; es genügt, an die zitierte Passage aus den *Protokollen* zu erinnern, in der die Zärtlichkeit auf Seiten des Vaters ist. Andererseits ist die Leidenschaft (wenn man zur Bezeichnung des Sexuellen diesen Terminus verwenden will, mit dem sicher eine Art Desexualisierung des Sexuellen einhergeht), ist also die Leidenschaft oder das Sexuelle gewiss vorrangig auf Seiten des Erwachsenen. Aber interessant ist doch das unbewusste Sexuelle und nicht das offen agierte Sexuelle. Ferenczi interessiert sich im Wesentlichen für Letzteres: für den erwachsenen, offenen, perversen, traumatischen sexuellen Missbrauch, also in etwa für das, was Freud in der Periode vor 1897 »Verführung« nannte.

Von meinem Standpunkt aus, um auch hier ganz klar zu sein, bleibt auch bei einem offen begangenen sexuellen Missbrauch eines Kindes durch einen Erwachsenen – sagen wir bei einer Vergewaltigung – der Anteil des Rätselhaften der einzige psychoanalytische Faden. Ein Erwachsener kann einem Kind die letzten Schmähungen antun, der einzige Punkt, durch den sich dies in Phantasie übersetzt, in etwas so Rohes und so Offenes, ist jedoch immer das, was darüber hinausweist; auf Seiten des Kindes: »Was will er von mir? Warum ist er böse zu mir?«; und auf Seiten des Erwachsenen: »Was treibt mich dazu; was habe ich nur in mir, so dass ich das tue; was hat mich dazu gebracht?«

Kommen wir jetzt auf diese weiter gefasste Betrachtung der Anlehnung zurück, die mit »Zur Einführung des Narzißmus« 1914 beginnt. Das lebenswichtige Funktionieren, das man Selbsterhaltung oder Zärtlichkeit nennt, ist ein komplexes Verhalten, das ohne psychologische und vergleichende Beobachtung nicht zu erfassen ist. Ich sage mit Bedacht »vergleichend«, eben weil der Anteil der Zärtlichkeit, der Selbsterhaltung beim Menschen so schnell durch das Sexuelle überdeckt wird, dass es eher mit Bezug auf Verhaltensweisen von mit uns verwandten Tieren gelingt, es, selbstverständlich abstrakt und psychologisch herauszurechnen, was freilich durchaus von Interesse ist, wenn auch die Auswirkungen auf die psychoanalytische Praxis vernachlässigbar sind ... Das Funktionieren der Selbsterhaltung ist also komplex; doch, selbst in seiner Gesamtheit betrachtet, kann es kaum als Quelle des Sexuellen, im Sinne einer natürlichen Quelle, bezeichnet werden; man kann nicht sagen, dass aus diesem Gesamtverhalten das Sexuelle *entspringt.*

Selbsterhaltung erfordert Zärtlichkeit, Zärtlichkeit befördert Verführung

Die Selbsterhaltungsbeziehung erfordert auf verschiedenste Weisen Zärtlichkeit. Zuallererst und in erster Linie richtet sich die Selbsterhaltung an den Anderen, sie impliziert den Anderen. In manchen psychoanalytischen, vor allem den angelsächsischen, Kreisen spricht man von Interaktion; die Interaktion wird als gegeben und als Antwort auf alles angesehen; so kommt es, dass ich jedes Mal, wenn ich frage: Aber glauben Sie nicht, dass beim Kind das Wesentliche des Sexuellen vom Anderen kommt? Die wenig einladende Antwort erhalte: Aber natürlich, die Interaktion ist auf beiden Seiten. Dennoch und trotz dieser missbräuchlichen Verwendung des Begriffs bin ich völlig damit einverstanden, die Zärtlichkeit unter der Rubrik Interaktion zu führen; allerdings unter Berücksichtigung aller Unsicherheiten, Lücken und Fehltritte, die man beim Menschen findet. In die zärtliche Interaktion schleicht und drängelt sich das unbewusste Handeln des Anderen, die unbewusste sexuelle Seite der Botschaft des Anderen hinein.

Angenommen wir zeichnen die Interaktion auf der Ebene der Selbsterhaltung durch diese Pfeile, die sich einander begegnen, dann ist die unbewusste Seite der Botschaft etwas, das parallel zum Verhalten des Anderen verläuft.

Abbildung 4

Dieser unbewusste Anteil der Botschaft des Anderen wird durch das zärtliche Verhalten befördert, durch jene *Zärtlichkeiten* [i. O. deutsch], die dort, wo sie auf den Körper und das Verhalten des Kindes einwirken, den Ausgangspunkt schaffen für die Anlehnung – wenn wir dieses Wort beibehalten wollen.

Der erwachsene Andere nimmt viele Gestalten an, die Freud sehr schematisch beschreibt: der Vater, die Mutter, der Mann, die Frau, ihre Nachfolger, sagt er: ihr Ersatz. Und vor allem der erwachsene Andere der Zärtlichkeit hat viele Gesichter, die, wie wir gesehen haben, bei Freud gut unterschieden werden: ernähren, pflegen, schützen.

Dritte Interpretation der Anlehnung: Priorität des erwachsenen Anderen

In einem Schema wie diesem ist es völlig illusorisch zu versuchen, diesen erwachsenen Anderen in Phasen der Objektbeziehung zu unterteilen. Mit anderen Worten kommt es nicht infrage, zu sagen, dass es einen oralen, dann einen analen und schließlich noch einen phallischen erwachsenen Anderen gibt; denn dies würde nur wieder einen endogenen Blick einführen. Ob der Andere anal oder phallisch ist – was gut möglich ist –, ob er durch eine (bestimmte) Phantasie angetrieben und beherrscht wird – und zwangsläufig ist er von Phantasien beherrscht –, gilt für jeden Moment seines Lebens.

Was sind also diese sogenannten Phasen? Es ist unmöglich, sie außerhalb der Beziehung zur Zärtlichkeit und zur Pflege zu verstehen. Nähern wir uns ihnen also über diesen Blickwinkel: Die Pflegebeziehung bietet Orte zur Implantation an, durch die mittels der Gesten des Erwachsenen Phantasien befördert werden. Ich verwende diesen Terminus »Implantation« wenig metaphorisch, denn ich sehe nicht ein, warum die Phantasie und die Botschaft (die Botschaft, die eine unbewusste Phantasie befördert) nicht genauso gut in einen Teil des Körpers implantiert werden können – wie ins Gehirn.

Die alte Idee der »Miterregung«, die nicht ganz das Gleiche bedeutet wie die Anlehnung, kann hier hilfreich sein, wenn man sich klar macht, dass sie *von der Phantasie nicht zu trennen* ist: Es gibt keine Miterregung des Schmerzes im Masochismus, es gibt vielleicht nicht einmal sexuelle Miterregung in einem Trauma, wie etwa einem brutalen somatischen Unfall, ohne dass die Phantasie daran beteiligt ist.

Exkurs »Phasenlehre« oder »Entwicklungsdenken«

Ich komme zu dieser Idee der Phasen zurück, die man etwas weniger hoch hängen sollte. Die Phasen werden, wie Sie wissen, mit Körperstellen verknüpft, man spricht von oraler Phase, analer Phase usw. Als ob die Libido entlang des Körpers wandern würde, von einer Stelle zu einer anderen. Was sind diese Stellen am Körper? Zunächst ist es der ganze Körper. Nicht zu Unrecht spricht Freud davon, dass am Anfang der ganze Körper empfänglich ist für diese zärtlichen Botschaften, diese Liebkosungen und Streicheleinheiten. Aber selbstverständlich sind die Körperstellen vor allem Durchgangszonen, Zonen der Pflege und der Reinlichkeit. Sie sind für das Funktionieren des Organismus durch und durch vorgeformt und vorbestimmt und dienen der Reinlichkeitspflege, beim Menschen genauso wie bei den Tieren. Was hat es also auf sich mit dieser Idee, dass die Abfolge von Phasen eine Abfolge von Körperstellen darstellen würde und die Libido in einer Art Zickzacklauf auf dem Körper von einer Stelle zur anderen spazieren würde?

Die sogenannte »Phasenlehre« der Psychoanalyse hat etwas Lächerliches. Freud hat sich, um die Wahrheit zu sagen, nie wirklich stark gemacht für diese Art

Abfolge, für diese Unterteilung in Phasen, das ist vielmehr das Werk von Abraham. Ich verweise Sie auf den exzellenten, wenn auch schon älteren Artikel von Rosolato und Widlöcher »Karl Abraham, lecture de son œuvre« (Rosolato & Widlöcher 1958 [»Karl Abraham, sein Werk lesen«; A. d. Ü.]), der diese ewige Phasenlehre, in der alles unterteilt und abgestuft ist, gut darstellt: nicht nur die Etappen der Libido, sondern auch die Etappen des Ich und der Objektwahl. So hat Abraham die orale Phase in eine orale Saugphase und eine orale Beißphase eingeteilt, die anale Phase in eine anale Phase des Ausstoßens und eine anale Phase des Zurückhaltens usw. Gewiss müssen wir klar und deutlich sagen, dass bestimmte physiologische Reifungsstufen wichtig sind; aber ihre zentrale Wichtigkeit besteht von unserem Standpunkt aus darin, die Aufmerksamkeit des Erwachsenen auf sich zu ziehen: seine Gesten, seine Botschaften, seine Phantasien; so etwa auf das Zahnen, und noch mehr auf die Reifung, die zur Kontrolle über die Schließmuskeln führt und das sichere Zurückhalten des Stuhlgangs ermöglicht; das sind alles Offensichtlichkeiten, die aber keinesfalls dazu berechtigen, in dieser Reihenfolge Phasen der Selbsterhaltung zu proklamieren, und noch weniger entsprechende libidinöse Phasen, Ich-Phasen, Objektphasen, vielleicht sogar Phasen der wissenschaftlichen Welterfassung!

Ferenczi selbst hat in seinem Artikel »Entwicklungsstufen des Wirklichkeitssinns« (Ferenczi, 1964 [1913]) diesen Weg eingeschlagen. Wohin gerät man, wenn man anfängt, alles derart zu skalarisieren? Ganz einfach in die Richtung einer Psychoanalyse, die auf Multiple-Choice-Fragen basiert: Was kommt nach der oralen Phase 2: die anale Phase 1 oder die urethrale Phase? Man landet bei einer Psychoanalyse für das Fußvolk. Das erinnert mich an eine dumme alte Geschichte, in der ein Feldwebel seine Soldaten in der Ausbildung fragt: »Was sind die Füße?« Und alle nacheinander geben eine, natürlich »falsche«, Antwort: Die Füße sind ein Fortbewegungsmittel, die Füße sind die untere Extremität des Körpers usw. Der Feldwebel schlägt in seinem Handbuch nach und gibt dann die richtige Lösung: Nein, die Füße sind kein Fortbewegungsmittel, sondern »die Füße sind Gegenstand der permanenten Aufmerksamkeit des Soldaten«. In ihrer Absurdität ist die Antwort des Feldwebels sehr viel interessanter als die der Soldaten. Sie weist uns auf die Tatsache hin, dass all diese Körperzonen die Pflege des Erwachsenen einfordern, eine Pflege, die von Beginn an zu leisten ist und für die es völlig sinnlos wäre, eine genaue Abfolge beschreiben zu wollen. Vom Beginn des Lebens an sind die anale und die genitale Zone Gegenstand der Aufmerksamkeit, nicht des Soldaten aber sehr wohl der Pflegeperson, meist der Mutter. Damit will ich nicht bestreiten, dass sich Abfolgen, aufeinanderfolgende Polarisierungen einstellen. Doch selbst in dem, was man Reinlichkeitsentwicklung nennt –

worauf ich eben angespielt habe in Bezug auf die Kontrolle der Schließmuskeln: einem zunächst locker, dann kontrollierter gehandhabten analen Verhalten –, selbst für diese Sauberkeitsentwicklung weiß man, wie anders sie von einem Kind zum anderen ist und dass sie ganz gewiss nicht nur in Abhängigkeit von der muskulären oder neurologischen Reifung des Kindes abläuft, sondern von der wachsamen Aufmerksamkeit, die ihr die Eltern entgegenbringen. Erst über die wachsame Aufmerksamkeit des Soldaten und die wachsame Aufmerksamkeit der Mutter werden die erogenen Zonen geschaffen.

Eintritt des erwachsenen Anderen

Die erogenen Zonen sind somit Gegenstand einer Pflege, die von zentralen Phantasien des Erwachsenen durchtränkt sind. Die stillende Mutter kann von Anfang an eine phallische oder anale Brust »einschieben«, sie muss dafür keine anale Phase abwarten. Ich erinnere Sie an jenen schönen Lapsus, den wir im *Entwurf* (Freud, 1950c [1895]) entdeckt haben, in dem Freud statt *Nahrungszufuhr* [i. O. deutsch] *Nahrungseinfuhr* [i. O. deutsch] schreibt[39]. Genau darum geht es, denn wir kommentieren ja »Zur Einführung des Narzissmus«. Freuds Lapsus ist deshalb so hübsch, weil er die Handlung des Erwachsenen perfekt beschreibt, insofern er sich nicht damit begnügt, dem Kind als neutraler und anonymer Diener die Nahrung darzubieten und zu geben.

Mit der Pflege kommt es also zur mustergültigen Herausbildung von erogenen Zonen auf dem Körper, genau wie von Signifikanten auf dem Körper des Erwachsenen, zum Beispiel der Brust. Ich warte nur darauf, dass endlich das Buch von Jacqueline Lanouzière erscheint, das unter anderem eine Idee entfaltet, die von allen Psychoanalytikern vernachlässigt worden ist: Sie haben vergessen, dass die Brust eine erogene Zone des Erwachsenen ist! Sie können das ganze Werk von Melanie Klein lesen, und werden den Gedanken nicht finden, dass die Brust ein Lustobjekt ist, dass die Brust einer Frau Lust bereitet. Die Brust ist die Sahnetorte der Kleinianer (und einiger anderer …) und doch findet nie der Gedanke Erwähnung, dass die Brust ein Ort der Lust ist (ich sage, »nie«; man kann nicht »nie« sagen. Vielleicht findet jemand eine Passage … es würde mich sehr glücklich machen!).

Ich habe versucht, die Anlehnung zu subvertieren, sie durch die Verführung neu zu wenden. Doch mit der Verführung ist auch die ganze Struktur neu ge-

39 Vgl. Laplanche (2005 [1992]), S. 43, Fn. 56.

wendet worden: Darauf habe ich wiederholt hingewiesen, denn die Beziehung der Selbsterhaltung bzw. die zärtliche Beziehung kann nicht einfach wie im alten Modell als triebhaft beschrieben werden. Ganz zu schweigen vom sexuellen Trieb, wenn man diesen Terminus »Trieb« [*pulsion*; A. d. Ü.] beibehalten will[40]. Falls wir ihn behalten wollen, müssen wir Freuds berühmte vier Dimensionen von vorne bis hinten umkrempeln. Insbesondere der sexuelle Trieb hat eine unauflöslich im Körper implantierte phantasmatische Quelle. Sein Objekt, der Andere, ist am Ursprung des Triebes. Sein Quell-Objekt (und man könnte sogar sagen: sein Ziel-Quell-Objekt) ist das, was von der rätselhaften Botschaft des Anderen bleibt, die in der Selbsterhaltung mitgeliefert wurde.

Rätselhaft. Damit ende ich heute. Das Rätsel hat Erfolg, das freut mich sehr. Das demnächst erscheinende postume Werk von Léon Chertok, ein Sammelband, wird den Titel *L'énigme de la relation au cœur de la médecine* tragen [»Das Rätsel der Beziehung im Herzen der Medizin«, 1992; A. d. Ü.]. Ich bin glücklich darüber, dass das Rätsel seinen Weg macht.

40 »Was mit dem Trieb machen?« [»*La pulsion pour quoi faire?*«] ist der Titel eines von Didier Anzieu, mir selbst und Daniel Widlöcher publizierten Sammelbandes (Anzieu et al. 1984).

18. Februar 1992

Wir folgen weiter dem komplizierten Zickzackweg einer Verirrung, der umso komplizierter ist, als es sich um ein geniales Denken handelt, das von Zeit zu Zeit auf außergewöhnliche Weise zu sich selbst zurückfindet. Es gibt andauernd – wie werden es sehen – neue Zusätze und Erneuerungen aufgrund der *psychoanalytischen Erfahrung* [i. O. deutsch], es gibt plötzliche, fast kaleidoskopartige Wendungen mit vielen neuen – nicht nur negativen – Problemstellungen. Andererseits, aus einer Verirrung herauszukommen, und gleichzeitig die hinzugekommenen Erneuerungen beizubehalten, ist nicht weniger komplex. Wäre es möglich aufzuzeigen, was die psychoanalytische Theorie ohne die anfängliche Verirrung sein könnte – was sie hätte sein können? Bedeutet diese Sackgassen zu dekonstruieren nicht, die Psychoanalyse neu und anders zu begründen?

Die Verführung lässt die Anlehnung platzen

Ich habe zu zeigen versucht, welche neue Bedeutung die Anlehnung annehmen könnte, sobald sie wieder in den Rahmen der Verführungstheorie gestellt wird, wenn man sie also aus ihrem ursprünglichen, endogenen Rahmen (der durch die Emergenz des sexuellen Triebes aus der Selbsterhaltung charakterisiert ist) herausnimmt und zugleich die neuen Elemente in der Entwicklung des Freud'schen Denkens berücksichtigt. Mit anderen Worten explodiert dann nicht nur die Anlehnung von innen heraus – worauf ich hingewiesen habe, als ich die Verführung die einzig mögliche Interpretation, ihre Wahrheit genannt habe –, sondern ein neues, diesmal von Freud eingeführtes Element erweitert auch die Perspektive: Das Erscheinen des »*Anlehnungstypus der Objektwahl*« ermöglicht uns einen neuen Blick, insbesondere in Bezug auf das Objekt.

In einer allzu einfachen Theorie handelte es sich um das Objekt der Selbsterhaltung. Aber wir haben gemerkt, dass die Objektwahl durch Anlehnung etwas viel Umfangreicheres zeigte und kennzeichnete als dieses Nahrungsmittel, als dieses rein materielle Objekt »Milch«; dass erst das Gesamt dessen, was man zurecht Bindung [*attachement;* A. d. Ü.] nennt und das Freud manchmal als »Zärtlichkeit« bezeichnet hat, ihr ihren wahren Rahmen gab. Andererseits haben wir gesehen, dass das sexuelle Objekt als wesentlich phantasmatisches Objekt – das sexuelle Objekt kann am Anfang nur ein Objekt in der Phantasie sein, sagen wir die Brust – nicht rein assoziativ von der Milch abgeleitet ist. Es ist zu einfach zu sagen, auch wenn es auf einer bestimmten Ebene richtig ist, dass das sexuelle Objekt eine Metonymie des Nahrungsobjekts ist. Wir haben versucht zu zeigen, dass man weitergehen muss, hin zu der Person, die für diesen Übergang von der Milch zur Brust *verantwortlich zeichnet,* die be-zeichnet[41], eingrenzt und kennzeichnet, was überhaupt die Brust, die Brust der Mutter ist: *von ihr selbst* als ihr eigenes sexuelles Organ identifiziert und bezeichnet, im Allerinnersten ihrer Bindung [*relation d'attachement*; A. d. Ü.] zum Kind, einer Beziehung, die in ihrem Bereich in der Tat (ich habe das betont) interaktiv ist.

Rückkehr zum »Narzissmus«: das Ich und das Triebhafte

Ich komme also zu diesen Verirrungen des Triebes, zu dieser immer wieder neuen Versuchung eines endogenen Biologismus zurück, der wieder auftaucht und in der Folge als biologistische, ja metabiologistische Versuchung immer drängender wird. Ich komme zu »Zur Einführung des Narzißmus« von 1914 zurück, beschränke mich allerdings so weit wie möglich auf den Triebaspekt. Der Text ist sicher schwierig, es ist ein suchender Text, sowohl in Bezug auf die Begriffe, die er einführt, wie auch in Bezug auf die Begriffe, deren Synthese er liefert. Und er führt nicht nur den Narzissmus ein, sondern auch das Ideal, das Über-Ich, oder eine Theorie der Hypochondrie. Der Artikel liefert Entdeckungen und Klarstellungen im Überfluss. Ich werde mich ihm heute über seinen letztendlich zentralen Punkt annähern: über die Einführung des Narzissmus.

Mit dem Narzissmus wird natürlich gleichzeitig das Ich wiedereingeführt, es wird *wieder* in die psychoanalytische Theorie eingeführt. Und wir wissen ja, welches Schicksal der Ich-Begriff von hier aus nimmt, mit *Das Ich und das Es* (1923b), und seiner Fortsetzung in dem, aber nicht nur in dem, was man die Ich-

41 [Frz. *désigner* »bezeichnen«; frz. *signe* »Zeichen«: Laplanche betont in diesem Wortspiel das Zeichenhaft-Werden des Bezeichneten; A. d. Ü.]

Psychologie genannt hat (ich verweise, auch hier wieder, auf den Eintrag »Ich« im *Vokabular der Psychoanalyse*, dem ich nichts hinzuzufügen habe; es ist der längste Artikel in diesem Buch und zeichnet die Entwicklung des Ich-Begriffs, seine Probleme und Problemstellungen gut nach, die von Anfang an und durch das ganze Freud'sche Werk hindurch bestehen. Ich werde nur einige Aspekte herausheben, vielleicht etwas genauer als im *Vokabular*, obwohl sie dort schon ziemlich gut beleuchtet werden).

Zunächst gibt es die einfache Unterscheidung (an der man sich orientieren kann, auch wenn man sie sofort wieder aufgeben muss) zwischen dem Ich als Individuum und dem Ich als Instanz. Zwischen dem, nennen wir es biopsychischen Individuum, so wie man auch das Tier ein biopsychisches Individuum nennen kann[42], auf der einen und dem, was man auf der anderen Seite Ich-Instanz nennt, was Freud in der Folge »Instanz« nennen wird. Das *Vokabular der Psychoanalyse* erinnert daran, dass das Wort *Instanz* [i. O. deutsch] ein seit der *Traumdeutung* eingeführter juristischer Terminus ist: die urteilende Instanz, die zensierende Instanz. Die Engländer übersetzen es meist durch *agency*, das nicht ganz den juridischen Sinn hat wie Instanz im Französischen und im Deutschen, aber Sie finden hier auf alle Fälle die Idee des Delegierens von Machtbereichen, die Agentur, die »Repräsentanz«. Pontalis und ich haben ausführlich gezeigt, dass diese beiden Bedeutungen des Ich, das Ich als Individuum und das Ich als Instanz, von Anfang an da sind, und dass diese ganze hartnäckige Tradition es sich zu einfach macht, wenn sie behauptet, dass Freud ungefähr bis 1914 vom Ich als Individuum gesprochen habe, und dass er von da an auf einmal angefangen habe, ganz anders, nämlich topisch, darüber zu sprechen. Wir haben gezeigt, dass in Wirklichkeit die Unterscheidung und die Beziehung zwischen beiden von Anfang an existierte. Denn wenn die beiden problemlos zu unterscheiden gewesen wären, hätte es gereicht, sie unterschiedlich zu benennen, zum Beispiel für das erste »Individuum« zu sagen – und die Sache wäre erledigt gewesen! Nun ist sie aber nicht erledigt, weil da etwas ist, zwischen beiden, zwischen dem Ich als Individuum und dem Ich als der vom Individuum delegierten Instanz.

42 Es ist nicht gleichbedeutend mit dem, was ich manchmal als *Ego* bezeichne. Ich habe den Terminus »Ego« bequemlichkeitshalber eingeführt, um in bestimmten Fällen *den, um den es geht,* zu kennzeichnen, um einen Platz zu kennzeichnen, ohne damit in irgendeiner Weise etwas darüber sagen zu wollen, ob es sich um ein Individuum, eine Person oder ein Subjekt handelt. Anstatt von Henry oder Paul zu sprechen, spreche ich dann einfach von *Ego.*

Metonymische und metaphorische Ableitung des Ich

Doch welche Art von Beziehung, von Delegation gibt es zwischen dem Individuum und seiner *agency*? Ich habe betont, dass es, wie bei jeder Verbindung, auch für die Delegation nur zwei Wege gibt: die Kontiguität und die Ähnlichkeit, das heißt die Metonymie und die Metapher. In meinem Artikel »Ableitung der psychoanalytischen Entitäten«[43] habe ich z. B. das Ich als Instanz als Beispiel für eine sowohl metonymische wie auch metaphorische Ableitung aus dem Ich als Individuum angeführt und darauf hingewiesen, dass dieser doppelte Typ der Ableitung sogar weit über die Domäne der Logik, der Rhetorik und des Psychischen hinausgeht, da man ja auf die gleiche Weise sagen kann, dass das Kind biologisch gesehen eine metonymische Ableitung, ein Stück des Körpers der Mutter ist, wie man gleichzeitig sagen kann, dass es, als Bild der Mutter oder der Eltern, eine metaphorische Ableitung ist. Die Generationenfolge selbst entgeht diesen beiden großen und einzigen Ableitungswegen nicht. Aber hier sind auch unzulässige Vereinfachungen möglich, auf die ich an anderer Stelle hingewiesen habe, insofern es nicht darum geht, erneut zwei »Ichs« zu unterscheiden, ein »metonymisches Ich« und ein »metaphorisches Ich«; denn das Problem besteht genau darin, dass ein und dieselbe Ich-Instanz gleichzeitig metonymisch und metaphorisch ist, also metonymisch-metaphorisch, nämlich auf komplexe Weise abgeleitet von etwas, das als die Totalität eines in der Welt lebenden Organismus zu definieren wäre. Sprechen wir also nicht von metonymischem Ich und metaphorischem Ich, sondern von einer metonymischen und von einer metaphorischen Ableitung des Ich.

Was bedeutet nun metonymische Ableitung des Ich? Der Terminus *agency* gibt es zu verstehen: Es ist eine Art differenziertes und spezialisiertes Organ eines Ganzen, das eine der Funktionen dieses Ganzen übernommen hat. Es ist ein Ministerium in einer Regierung oder eine Regierung in einem Land, oder wenn wir einen Körper nehmen, dann ist es ein ausdifferenziertes Teil dieses Organismus, ein Teil des Körpers, dem eine bestimmte Funktion zugewiesen ist. Und wie Sie wissen, geht Freud weit in diese Richtung der Metonymie, der Differenzierung, denn er sagt uns, dass das Ich und das System Wahrnehmung-Bewusstsein, von dem es abgeleitet ist (oder das sein Zentrum ist, wenn Sie so wollen), ein ausdifferenzierter Teil an der Oberfläche des Organismus sind: im äußersten Fall geht es um eine Art Haut oder Auge, eine Art Rezeptions- und Schutzorgan. Wie das Ich und das System Wahrnehmung-Bewusstsein entstehen, können Sie zum

43 Laplanche, 2008 (1971); vgl. Anm. 25.

Beispiel in *Jenseits des Lustprinzips* beobachten. Aber Sie finden auch in einer Anmerkung von *Das Ich und das Es* diesen kleinen mehrfach hervorgehobenen Satz – von mir selbst hervorgehoben, dann von Anzieu, der daraus einen wichtigen Teil seiner Überlegungen gemacht hat –, der recht mysteriös erscheint: »Das Ich [...] ist nicht nur ein Oberflächenwesen, sondern selbst die Projektion einer Oberfläche« (Freud, 1923b, S. 253). Das bedeutet genau das, dass es nicht nur metonymisch ist, es ist auch metaphorisch. Es ist nicht nur ein ausdifferenziertes Stück auf der Oberfläche, es ist gleichzeitig etwas, das sozusagen wie die Projektion der Oberfläche ist, wie etwas, das, im Innern, der Oberfläche ähnelt. Der Terminus »Projektion« ist hier in allen Bedeutungsnuancen zu verstehen, einschließlich der ursprünglichen Bedeutung, die er beim Neurologen Freud hat, wo man von der wohlbekannten »Projektion« verschiedener Körperpartien auf die Großhirnrinde spricht, von diesem berühmten Homunkulus, den man auf das Großhirn zeichnen kann. Darauf bezieht sich Freud. Mit einer Reihe von Korrelationen, die man gut und gerne »phantastisch« nennen kann. So gibt es bei Freud zwischen diesem Oberflächenwesen, das eine Rinde wäre, und dem Großhirn, das trotz seines Namens alles ist, nur keine Rinde (weil es ja ganz im Gegenteil hypersensibel, hyperfragil ist), eine Art Übergang, ein Spiel zwischen diesen beiden Oberflächentypen.

Das Ich und das Selbst

Trotz allem – und um einen langfristigen Ausblick auf das zu geben, was aus dem Ich bei Freud und bei seinen Nachfolgern werden wird (bei denen, die sich im Sinne der *ego-psychology* darauf berufen werden) – wird der metonymische Aspekt der maßgebliche sein, das heißt die Idee eines Ich, das eine Ausdifferenzierung ist, ein Apparat, ein Organ, das zuständig ist für die Vernunft, die Rationalität, die Triebbeherrschung und auch für die Verhandlung[en] zwischen den Trieben und der Außenwelt. So sehr maßgeblich, dass die metaphorische Ableitung des Ich einigermaßen beiseite geschoben wird – oder zumindest haben die Autoren einige Schwierigkeit, beide Aspekte zusammenzuhalten: auf der einen Seite die Idee eines Ich-Organs der Rationalität, der Wahrnehmung, des Bewusstseins und auf der anderen die Idee eines Ich, das etwas vielleicht Obskurerem, weniger Rationalem nachgebildet ist – man kann gut sagen, dass hier das Selbst, das *self* geboren wird. Dieses *self* findet seine Rechtfertigung oder vielmehr sein Alibi tatsächlich in der Unfähigkeit, die beiden Typen der Ableitung zusammenzuhalten. In dem Maße, in dem das Ich auf die Seite einer rationalen, cartesianischen, im äußersten Fall platonischen Instanz gedrängt wurde (das platonische νοῦς hält die Zügel der Leidenschaften), war es notwendig, für etwas anderes, nämlich für die Identifikationen, einen Ort zu finden. Es ist schwer hinzunehmen, dass über – vielleicht sogar verdrehte – Identifikationen eine Instanz entsteht, die fähig ist, das Wahre vom Falschen zu unterscheiden. Hier und nirgendwo anders hat die Erfindung und die aktuelle Hypertrophie dieser Instanz des »Selbst« ihren Ursprung, als identifikatorische, metaphorische Instanz, die es erlaubt, wie ich immer wieder gesagt habe, das Ich von der Irrationalität, die es *auch* übermittelt, reinzuwaschen.

Also zwei allzu einfache Unterscheidungen, bei denen die eine die andere verdoppelt, könnte man sagen: Die Unterscheidung zwischen dem Ich und dem Selbst, oder – wie man mir unterstellt hat, ohne dass ich das je gesagt hätte – zwischen einem metonymischen und einem metaphorischen Ich (das ist genau derselbe Gegensatz), eine Unterscheidung, die auch einen klassifikatorischen und extrinsischen Unterschied zwischen dem Ich als Individuum und dem Ich als Instanz verdoppelt und verschärft.

Die beiden wichtigsten und expliziten Vorgänger von »Zur Einführung in den Narzissmus« von 1914 sind einerseits der Text über *Leonardo* von 1910 (Freud, 1910c) – sowie die ihm zugrunde liegenden Diskussionen mit Sadger über das Problem der narzisstischen Identifikation mit der Mutter – und auf der anderen Seite der Text über Schreber von 1911 (Freud, 1911c) – und hier zeichnet sich der Name Jungs im Hintergrund ab.

Der sogenannte »primäre« Narzissmus als sekundärer Zustand …

Es ist interessant, im »Schreber« eine erste »Einführung in den Narzißmus« zu lesen, also drei Jahre vor dem Text, der diesen Titel trägt:

> »Untersuchungen der letzten Zeit [Freud bezieht sich auf Sadger und auf seinen eigenen »Leonardo«; J. L.] haben uns auf ein Stadium [wir werden auf diesen Terminus des Stadiums zurückzukommen haben, um ihn zu diskutieren und ihn in Frage zu stellen] in der Entwicklungsgeschichte der Libido aufmerksam gemacht, welches auf dem Wege vom Autoerotismus zur Objektliebe durchschritten wird [Dass die Libido vom Autoerotismus zur Objektliebe übergeht, war von Freud seit 1905 gesagt worden; Autoerotismus in der Kindheit, Objektliebe in der Pubertät und im Erwachsenenalter; J. L.]. Man hat es als *Narzissismus* [i. O. deutsch; A. d. Ü.]

bezeichnet; ich ziehe den vielleicht minder korrekten, aber kürzeren und weniger übelklingenden Namen *Narzißmus*[44] [i. O. deutsch; A. d. Ü.] vor. Es besteht darin, daß das in der Entwicklung begriffene Individuum [diese Darstellung ist interessant, weil in diesem Punkt expliziter als der Text von 1914; J. L.], welches seine autoerotisch arbeitenden Sexualtriebe zu einer Einheit zusammenfaßt, um ein Liebesobjekt zu gewinnen, zunächst *sich selbst*, seinen eigenen Körper zum Liebesobjekt *nimmt* [i. O. deutsch; A. d. Ü.] [Sie sehen da etwas auftauchen, das dem *Selbst* nahesteht, ein Vorfahre des *Selbst* [i. O. deutsch; A. d. Ü.], aber ein Körper-Selbst; J. L.], ehe es von diesem zur Objektwahl einer fremden Person übergeht. Eine solche zwischen Autoerotismus und Objektwahl vermittelnde Phase ist vielleicht normalerweise unerläßlich [bei Freud findet man trotz allem oft die Idee einer zielgerichteten und normativen Abfolge; J. L.]; es scheint, daß viele Personen ungewöhnlich lange in ihr aufgehalten werden und daß von diesem Zustande viel für spätere Entwicklungsstufen erübrigt [ein Ort, an dem man stehen bleibt, eine Fixierungsstelle, und somit eine Regressionsmöglichkeit; J. L.]. An diesem zum Liebesobjekt genommenen *Selbst* [i. O. deutsch; A. d. Ü.] können bereits die Genitalien die Hauptsache sein. Der weitere Weg führt zur Wahl eines Objekts mit ähnlichen Genitalien, also über die homosexuelle Objektwahl, zur Heterosexualität. [Es gäbe also eine Art normale Abfolge: Autoerotismus, Narzissmus, homosexuelle Objektwahl, heterosexuelle Objektwahl, mit Haltemöglichkeiten entlang dieses Weges; J. L.] « (Freud, 1911c, S. 296f.).

Die beiden klinischen Studien, in denen Freud den Narzissmus angeht – Sie werden sofort feststellen, dass es klinische Herangehensweisen außerhalb der Kur sind, weil sie sich ja auf Texte stützen – sind die Arbeit über Leonardo da Vinci und die Arbeit über den Präsidenten Schreber. Ich will hier einige wohlbekannte

---

44 Merken wir an, dass Freud auf Deutsch »Narzissmus« gewählt hat und die Franzosen genau umgekehrt als besser klingenden Terminus »Narzissismus« gewählt haben. Manche haben zu diesem Thema übrigens Freud richtiggehend einer Psychoanalyse unterworfen und gesagt, dass er die Silbe »-is-« herausgeschnitten (*Narzissismus – Narzissmus*) habe, genauso wie auch aus seinem Vornamen, als er ihn von Sigismund zu Sigmund veränderte, was Freud damit in Wirklichkeit verdränge, sei die Göttin *Isis*, das heißt einen ganzen Bereich der Ägyptologie; wie diese Psychoanalyse Freuds, in die ich hier nicht einsteige, auch immer zu bewerten ist: Sicherlich ist es nicht ohne, eine Silbe aus seinem eigenen Vornamen zu schneiden; vgl. zu diesem Punkt die Dissertation von Ricardo Andrade: *L'héritage romantique allemand dans la pensée freudienne* [»Das deutsche romantische Erbe im Denken Freuds«; A. d. Ü.], die am 12. Dezember 1990 an der Universität Paris VII verteidigt wurde.

Dinge kurz in Erinnerung rufen: Die Homosexualität bei Leonardo ist als eine narzisstische Objektwahl zu bestimmen: Leonardo, von seiner Mutter über alles geliebt, nimmt ihren Platz ein, um Knaben zu lieben, so wie er selbst von ihr geliebt worden war, als er jung war. Er wählt Objekte nach dem Modell dessen, was er einst gewesen ist, und nimmt dabei als Liebender einen anderen Platz ein, nämlich den der Mutter.

Freuds anderer Zugang zum Narzissmus führt über den Präsidenten Schreber, der zugleich Gegenstand einer konstanten und bemerkenswerten Diskussion in der Korrespondenz mit Jung war. Gemäß der Freud'schen Interpretation *richtet sich* Schreber nach dem Desaster, nach der »Katastrophe«, nach seinem Verlust der Welt und ihrer Objekte *in einem Größenwahn wieder auf*, indem er ein grandioses geschlossenes Universum errichtet. Freud sagt Folgendes dazu in »Zur Einführung in den Narzißmus«:

> »Welches ist das Schicksal der den Objekten entzogenen Libido bei der Schizophrenie? Der Größenwahn dieser Zustände weist hier den Weg. Er ist wohl auf Kosten der Objektlibido entstanden. Die der Außenwelt entzogene Libido ist dem Ich zugeführt worden, so daß ein Verhalten entstand, welches wir Narzißmus heißen können. Der Größenwahn selbst ist aber keine Neuschöpfung, sondern, wie wir wissen, die Vergrößerung und Verdeutlichung eines Zustandes, der schon vorher bestanden hatte. [Diese Passage ist insofern interessant, als sie klar sagt: Die Psychose ist ein sekundärer Narzissmus, sie ist eine Regression zum primären Narzissmus; es ist der Narzissmus der Kindheit, zu dem man zurückkehrt. Der sekundäre Narzissmus ist ein Narzissmus des Erwachsenen, zugleich pathologisch und symptomhaft; der primäre Narzissmus ist *ganz einfach der der Kindheit*; dies trägt dazu bei, die Idee eines uranfänglichen, primären Narzissmus zu demystifizieren. Ich fahre fort: J. L.] Somit werden wir dazu geführt, den Narzißmus, der durch Einbeziehung der Objektbesetzungen entsteht, als einen sekundären aufzufassen, welcher sich über einen primären, durch mannigfache Einflüsse verdunkelten aufbaut« (Freud,1914c, S. 140).

… eine Idee, die Freud in der Folge verschleiern wird

Heben wir hervor, dass die Unterscheidung zwischen sekundär und primär in der Folge verschoben werden wird, wenn Freud den primären Narzissmus als eine Art Narzissmus des biologischen Individuums , also als einen ursprünglich biologischen, vielleicht sogar als einen nicht wirklich psychischen Zustand bezeichnen wird, während er den »Narzißmus des Ich«, auch während der Kindheit, also die der Ichinstanz entgegengebrachte Liebe, sekundären Narzissmus nennen wird. Es gibt hier eine Verschiebung nach hinten, einen Übergang zu einem Zustand, den man erfunden nennen kann, zu einem anfänglichen biologischen Zustand, für den jede Begründung fehlt (ich hatte schon mehrfach Gelegenheit, mich gegen diese Idee eines ursprünglichen biologischen Narzissmus ins Gefecht zu stürzen).

Sie sehen, dass diese Verschiebung in der zitierten Passage nicht existiert: Dort ist der sekundäre Narzissmus völlig unzweideutig derjenige der narzisstischen Symptome, während der primäre der der Kindheit ist, und *auf den Autoerotismus folgt*; er ist also nicht ursprünglich, ganz am Anfang des Menschseins existiert er nicht.

Die Einführung dieses Begriffs Narzissmus ist ein so starker Moment und so neu, dass er die gesamte Triebtheorie zum Taumeln bringt. Ein Taumeln, das keine bloß stilistische Formel ist, sondern das in radikale Worte übersetzt wird:

> »Bei dem völligen Mangel einer irgendwie orientierenden Trieblehre ist es gestattet oder besser geboten, zunächst irgendeine Annahme in konsequenter Durchführung zu erproben, bis sie versagt oder sich bewährt« (Freud, 1914c, S. 142).

Natürlich haben wir die Wahl in diesem Text zwischen dem, was eine letzte Abdrift ankündigt und dem, was im Kern vielversprechender erscheint. Ich möchte im Moment lieber bei dem bleiben, was mir vielversprechender erscheint. Und dafür möchte ich an die entscheidende Passage erinnern, die letztendlich nur das lange Zitat von oben aus dem Schrebertext wiederholt:

> »Zur ersten Frage bemerke ich: Es ist eine notwendige Annahme, daß eine dem Ich vergleichbare Einheit nicht von Anfang an im Individuum vorhanden ist; das Ich muß entwickelt werden. Die autoerotischen Triebe sind aber uranfänglich; es muß also irgend etwas zum Autoerotismus hinzukommen, eine neue psychische Aktion, um den Narzißmus zu gestalten« (Freud, 1914c, S. 142).

Diese Passage ist oft kommentiert worden; ich habe insbesondere darauf bestanden, dass die Aussage »Die autoerotischen Triebe sind [...] uranfänglich« *bereits* eine Art Abflachung darstellt, denn in anderen Texten, vor allem in den *Drei Abhandlungen*, erklärt Freud explizit: »Er [der Trieb] wird autoerotisch« (Freud, 1905d, S. 81f.). In Wirklichkeit folgt dieser Narzissmus also auf den Autoerotismus, der *selbst* auf eine frühere Zeit folgt, weil der Autoerotismus, verstanden als Rückzug auf die Phantasie, selbst erst eintreten muss.

Dieser erste Narzissmus mag zwar als »primär« erscheinen, ist jedoch genauso sehr »sekundär«. Sekundär nicht in dem Sinne, dass er nach einem anderen Narzissmus kommt, sondern in dem Sinne, dass er nach etwas anderem kommt. Es gibt da in Bezug auf die Termini eine Zweideutigkeit, die man beseitigen sollte: Meint man primär mit Bezug auf einen sekundären, auf einen späteren Narzissmus, oder meint man primär, in dem Sinne, dass es nichts davor gibt? Für mich geht es selbstverständlich um einen primären Narzissmus, der aber nicht die erste Etappe der »Entwicklung« darstellt (um es wie Freud auszudrücken – es gibt keinen Grund, diese zeitliche Art des Denkens abzulehnen).

Narzisstische Phase oder narzisstische Momente

Ein kurzer Exkurs zu diesem Terminus *Phase/Stadium* [*stade;* bei Freud tauchen beide Termini auf; A. d. Ü.]. Nichts verpflichtet uns dazu, diesen ersten Narzissmus als eine Phase zu verstehen. Ich möchte sogar betonen, dass die von Freud vorgeschlagene Abfolge: Autoerotismus, Narzissmus, homosexuelle Objektwahl, heterosexuelle Objektwahl eine Art abstrakte Linie darstellt, die in der Folge das psychoanalytische Denken nicht besonders angeregt hat. Es gibt da so etwas wie eine »kanonische« Abfolge von Entwicklungsschritten, die nur schwerlich mit anderen Abfolgen, zum Beispiel mit den aufeinanderfolgenden libidinösen Phasen, in Einklang zu bringen ist. Das Scheitern der Phasenlehre wird in diesem Fall sogar noch offenkundiger. Ich behaupte jedenfalls meinerseits, dass wir im Narzissmus keinesfalls eine »Phase« sehen dürfen; sondern eher eine Vielfalt von narzisstischen *Momenten*, Wiederholungen von Mikrosequenzen eingeschlossen: Autoerotismus – Narzissmus. Aber es existiert beim Menschen keine narzisstische Phase, genauso wenig wie eine autoerotische »Phase« existiert.

Ich-vereinigende Faktoren: Federn, Lacan, Anzieu

Ich möchte auch diesen Ausdruck »neue psychische Aktion« kurz kommentieren: Neue psychische Aktionen, so könnte man sagen, müssen »zum Autoerotismus hinzukommen« [Freud, 1914c, S. 142; A. d. Ü.]. Hier hat eine ganze Reihe von Autoren eine ganze Reihe von Ergänzungen vorgeschlagen, zu dem, was Freud uns nur andeutungsweise hinterlassen hat. Ich nenne drei Namen. Ernst Federn, der sich dem Problem des Ich als vereinigender Instanz gewidmet hat, und, in Bezug auf die Genese des Ich, Jacques Lacan und Didier Anzieu.

Bei Lacan handelt es sich natürlich um das »Spiegelstadium«, das, so wird immer wieder gesagt, eigentlich Wallon zu verdanken sei. Ich gebe zu, dass mich diese Art von Kritik kalt lässt, weil Lacan etwas ganz anderes daraus gemacht hat als Wallon. Vielleicht hat Lacan den Fehler begangen, seine Quellen nicht anzugeben, aber die Quelle ist eben nur ein Teil des Flusses …

Der Terminus »Stadium/Phase«? Auch Lacan entgeht mit dem Titel seines Artikels wie auch mit dessen Inhalt der Phasenlehre nicht wirklich: ich meine die Idee, dass sich all dies plötzlich, eines Tages, in einem bestimmten Monat ereignet; es gibt einen hochdramatischen Aspekt in dieser Beschreibung des Spiegelstadiums: Plötzlich eines schönen Tages passiert all dies, so wie Mayonnaise plötzlich dick wird.

Der Terminus »Spiegel«? Auch wenn Lacan es nicht explizit sagt, dieses Spiegelstadium kann sehr gut auf den Apparat verzichten, den man Spiegel nennt; Individuen, die nie einen Spiegel zur Verfügung hatten, nicht einmal eine reflektierende Oberfläche, können dennoch durch dieses Spiegelstadium hindurchgehen. Es ist der Spiegel des *Anderen*, von dem die Rede ist[45]. Lacan fügt auch die Idee hinzu, dass etwas »Konsistenz bekommt« [wie die Mayonnaise; A. d. Ü.]. Selbst wenn dies nicht auf einmal passiert, so gibt es doch etwas, das zu einem bestimmten Zeitpunkt kippt oder umschlägt. Zu dieser Zeit hielt Lacan ganze Vorträge über Prägungsphänomene bei Tieren (dort war ich ihm auch zum ersten Mal begegnet), wie z. B. den Eisprung des Taubenweibchens, sobald es mit der *Gestalt* [i. O. deutsch] des Männchens konfrontiert wird; oder auch die Wanderheuschrecken, die ebenfalls dank eines Spiegelphänomens von einer individuellen Form zu einer Herdenform übergehen. Selbstverständlich brauchen weder die Wanderheuschrecken noch die Tauben einen Spiegel, um ein »Spiegelstadium« zu durchlaufen. Natürlich kann man einer Taube auch ihr Bild im Spiegel zeigen, und sie wird daraufhin ovulieren. Worauf sich Lacan bezieht, ist das Bild des Ähnlichen, man muss dieses Bild aber nicht notwendigerweise in einer Spiegeloberfläche sehen.

Bei Anzieu findet man eine Denklinie, die scheinbar ziemlich anders verläuft, die aber meiner Meinung nach komplementär dazu ist; Anzieus Schlüsseltermi-

---

45 Dies ist übrigens ein Terminus, den man auch bei Freud findet, im »Schreber«: den Terminus *Spiegelung* [i. O. deutsch], der im Französischen nur unzureichend mit *reflet* [»Reflex«; A. d. Ü.] übersetzt wird, denn ein Reflex ist etwas Schwindendes; die *Spiegelung* [i. O. deutsch] ist der Reflex im Spiegel. In der Passage im Fall »Schreber«, auf die ich anspiele, sagt Freud: »Ihr [der Sonne; A. d. Ü.] Widerpart [als ein sublimiertes Symbol des Vaters erscheint; A. d. Ü.] in dieser Spiegelung des Elternpaares ist die allgemein so bezeichnete ›Mutter Erde‹« (Freud, 1911c, S. 290); [Widerpart meint, dass die Sonne für Schreber das Symbol für den Vater ist; A. d. Ü.].

nus ist das »Haut-Ich«. Der Idee des Haut-Ich zufolge ist das Ich nicht nur eine Oberfläche, sondern auch die Projektion einer Oberfläche; das Ich ist metaphorisch die Haut der Psyche, oder, wie Anzieu es auch sagt, »eine Haut für die Gedanken«[46]. Das Ich nimmt durch die Projektion der Körperoberfläche Konsistenz an.

Diese beiden Wege widersprechen sich keineswegs. Man kann sich zum Beispiel vorstellen, dass der Spiegel auch ein taktiler Spiegel ist, insofern als sich meine Haut selbst nur dadurch wahrnimmt, dass sie den Anderen berührt oder dass sie einen Teil des eigenen Körpers berührt, als wäre er ein anderer. Die Idee, dass das Ich eine Ableitung ist, sei es auf der Ebene einer im wesentlichen visuellen Prägung sei es auf anderen sensorischen, vor allem taktilen Wegen, kann unser Verständnis von der Genese des Ich als Instanz nur bereichern.

Narzissmus und narzisstische Objektwahl

Nun, was ich selbst zu diesem Thema beitragen konnte, ist zunächst einmal, dass es keine zeitliche Priorität zwischen dem Narzissmus (der narzisstischen Etappe oder dem narzisstischen Zeitpunkt) einerseits und der »narzisstischen Objektwahl« andererseits gibt. Bei Freud kann man in »Trauer und Melancholie« (1917e) oder im *Leonardo* (1910c) den Verdacht hegen, dass der ursprüngliche Narzissmus *nichts anderes ist als* die narzisstische Objektwahl; beide ereignen sich gemeinsam, denn die spiegelhafte Reziprozität muss zu jedem Zeitpunkt der Totalisierung strikt beibehalten werden[47].

Vor diesem Hintergrund ist der Narzissmus die Ichliebe; die Liebe zu einem Ich, das selbst erst durch Liebe geworden ist, in eben jener Zeit der Liebe für die ähnliche Form; zu einem Ich, das zur selben Zeit geworden ist, in der sich das menschliche Lebewesen an das Bild des Ähnlichen bindet; und Freud sagt uns, dass dieses Ich geliebt, dass es libidinös besetzt wird, und, wie er hinzufügt, zu einem »großen Libidoreservoir« wird. Auf der anderen Seite ist das Ich eine »bindende« Kraft; es bindet, es ist definitionsgemäß total, es geht ihm darum, alle seine autoerotischen Triebe zusammenzuhalten, zusammenzubringen, und sie gleichzeitig zu behalten, das Autoerotische zu behalten; das Erotische zu be-

46 [Anspielung auf Anzieus Buchtitel *Une peau pour les pensées* (»Eine Haut für die Gedanken«); vgl. Anzieu, 1986; A. d. Ü.]

47 Ich will noch Folgendes hinzufügen: Es ist keinesfalls ausgemacht, dass sich ein Individuum im Spiegel wiedererkennen kann. Betrachten Sie Ihr Bild im Spiegel und

halten, eventuell indem man es einschließt, indem man es totalisiert, aber auch indem man es beiläufig, nebenbei eindämmt und beschränkt. Diese Idee stammt aus dem »Entwurf einer Psychologie« (Freud, 1950c [1895]), wo sie noch in der Terminologie der Neuronen formuliert wird, aber in Bezug auf den psychischen Mechanismus ist sie immer noch anregend. Das Ich, sagt Freud, ist wie ein Netzwerk aus Neuronenbesetzungen: In dieser Gruppe von Neuronen gibt es eine höhere Ladung als außerhalb, so dass jeder Vorgang, der in der Nähe des Ich abläuft, insgesamt gleichsam angezogen und eingeschlossen, gezügelt oder gebremst wird, statt frei abzulaufen, als ob es sich um einen magnetischen Prozess handeln würde; in Analogie zur modernen Astronomie könnte man sagen, dass alles, was in der Nähe des »schwarzen Lochs« des Ich geschieht, mit einem Mal in seine Masse gezogen wird. Vom Standpunkt der Neurosen- und Symptompsychologie ist dies kein ganz altmodisches Bild.

Also, das geliebte Ich; das Ich, das das Erotische bindet und festhält; auch das liebende Ich, weil es ja für sich eventuell ein Objekt nach seinem eigenen Modell finden wird. Und hier kommt der zweite Typ der Objektwahl dazu, nach dem »Anlehnungstypus der Objektwahl«, nämlich der von Freud so genannte »narzißtische Typus der Objektwahl« (Freud, 1914c, S. 154). Diesmal wird das Liebesobjekt nach dem Modell des eigenen Ich gewählt gemäß der berühmten Formeln: was man (selbst) ist, was man (selbst) gewesen ist, was man (selbst) sein möchte, ein Teil des eigenen Selbst. Überall findet man das *Selbst* [i. O. deutsch].

---

daneben Ihre Fotografie; halten Sie sie nebeneinander, und Sie werden sofort eine gewisse Fremdheit feststellen, da der Spiegel ja umkehrt, was Sie auf der Fotografie sehen. Das fällt natürlich leicht, Sie erkennen Ihr eigenes Bild wieder, wenn auch mit einer gewissen Verschiebung. Warum? Weil es in jedem Gesicht bestimmte asymmetrische Elemente gibt. Nehmen Sie jetzt einmal an, dass das menschliche Wesen überhaupt nicht symmetrisch wäre (das ist durchaus möglich; es gibt Lebewesen, die nicht symmetrisch sind, auch wenn Symmetrie bei Weitem am geläufigsten ist), dann könnte es sich nicht im Spiegel wiedererkennen: Ein nicht symmetrisches Lebendiges kann den Anderen nicht als sich selbst ähnlich wiedererkennen; und *a priori* kann ein anderes Selbst nicht identisch mit dem Bild im Spiegel sein. Über all dies gehe ich hier ein wenig schnell hinweg und verweise in Bezug auf die fundamentale Identität des ursprünglichen Narzissmus mit der narzisstischen Objektwahl zum Beispiel auf die Analysen von *Problématiques I*, insbesondere auf die Passage zu »His Majesty the Baby« [Freud, 1914c, S. 157; A. d. Ü.], in der man plötzlich den Freud'schen Text ins Gegenteil umschlagen sieht, das heißt dass es hinter dem »Baby für den Erwachsenen« den »Erwachsenen für das Baby« gibt (Laplanche, 1980a, S. 305f. und 320f.) Und auch in Bezug auf das Bild der Heiligen Anna, – das von J. P. Maïdani-Gérard [1983; A. d. Ü.] ausführlich kommentiert worden ist –, siehe Laplanche, 1981, S. 88.

Man kann sagen, dass sich das Ich dort in einer »reflexiven« Form wiederfindet, als sich selbst oder als »Selbst«.

Das *Vokabular der Psychoanalyse* hat in den Artikeln über diese zwei Typen der Objektwahl die offensichtlichen Widersprüche in Freuds Text aufgezeigt. Diese aber sind *mehr* als Widersprüche; denn keiner der beiden Wahltypen ist beschreibbar, ohne auf den anderen Bezug zu nehmen, und in Wirklichkeit sind beide völlig miteinander verschränkt. Das zentrale Beispiel dafür ist das folgende: Der Mann wählt in der Liebe die Frau, also eine Wahl durch Anlehnung par excellence (eine nicht narzisstische Wahl); dadurch macht er sich von seinem eigenen Narzissmus frei; und darüber hinaus ist er von jemandem angezogen, der selbst narzisstisch ist. Sie sehen, wie sehr die beiden innig miteinander verbunden sind, in einer komplexen Beschreibung, die aber der Wahrheit wirklich sehr nahekommt.

Hin zu einer Theorie der Liebe?

Offensichtlich zeichnet sich am Horizont dieser Überlegungen eine Theorie der Liebe ab, in der die narzisstische Komponente eine zentrale Rolle spielt. Es ist eine berechtigte Versuchung der Psychoanalyse, in der leidenschaftlichen Liebe den Narzissmus aufzustöbern – ein Weg, der von Freud selbst vorgeschlagen worden ist, zum Beispiel in »Triebe und Triebschicksale«, wo er die Diskussion über die Liebe und den Hass auf folgende Weise einführt: Was die Triebe angeht, könne man nicht von Liebe und Hass sprechen; es sei völlig absurd zu sagen, dass ein Trieb sein Objekt »liebt« oder »hasst«; weder liebt ein Trieb noch hasst er, man kann nur von Liebe und von Hass sprechen, wenn es um ganze Personen geht, die in einer Beziehung stehen zu einem ganzen Objekt. Dies ist nicht weit entfernt von Aristophanes' berühmtem Eros, von dem wir schon gesprochen haben (vgl. oben, S. 32f.) und auch noch sprechen werden.

Ich möchte mit der folgenden Bemerkung schließen: Diese lange Passage über die zwei Typen der Objektwahl und ihre Verschränkungen in »Zur Einführung in den Narzißmus« ist einer der Freud'schen Haupttexte zum Thema Liebe, ein Text, der meiner Meinung nach nicht oft genug herangezogen wird, auch nicht im Freud'schen Werk selbst. Ich konnte feststellen, dass ein Artikel wie »Bemerkungen über die Übertragungsliebe« (1915a [1914]) nicht auf diese Unterscheidung eingeht, trotz allem, was sie zusätzlich zur Klärung hätte beitragen können. Wenn man die Frage der Liebe wieder aufgreifen will, dann muss man dies nicht mithilfe von zwei, sondern vielmehr mithilfe von drei Komponenten tun: der Zärtlichkeit oder der Bindungsbeziehung im Dienste der Selbsterhaltung, der im eigentlichen Sinne erotischen Komponente und schließlich der Komponente des narzisstischen EROS.

Nächstes Mal werde ich von diesen drei Ebenen aus versuchen, den Weg aufzuzeigen, der vom letztendlich sehr labilen Gleichgewicht dieses Textes zu einem neuen Ungleichgewicht führt und zu gewissen Nachbesserungen (die einigen sogar wahnhaft erschienen) in Gestalt der sogenannten Lebenstriebe und Todestriebe.

25. Februar 1992

Ich rekonstruiere also eine Art Idealmoment des Textes von 1914 ausgehend von einer »idealen« Sicht auf ihn, so wie er hätte sein können, wenn die anfängliche Verirrung von 1897 nicht stattgefunden hätte.

Allgemeine Sicht, dargestellt in drei Modellen

Ich zeichne in Abbildung 5 drei Modelle, die in Bezug auf das Objekt, den Partner, den Anderen erheblich voneinander abweichen.

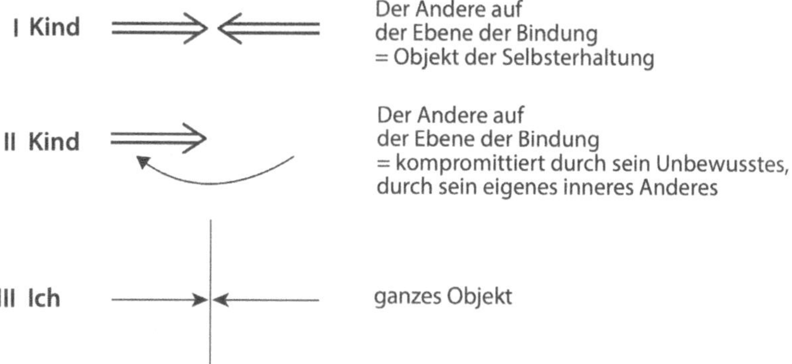

Abbildung 5

Ich bezeichne das erste Modell als das von Bindung [*attachement*; A. d. Ü.] und von Selbsterhaltung. Beide sind eng miteinander verknüpft, aber der Begriff »Selbsterhaltung« alleine reicht nicht aus, um der Komplexität des Prozesses in jeder Etappe Rechnung zu tragen, besonders wenn es um das Objekt geht; denn das Objekt einzig und allein als Nahrungsobjekt zu bezeichnen, lässt keinen Platz für die allen Tieren gemeinsame Veranlagung (im besten Sinne des Wortes) zur Bindung des Jungen an ein Elternteil; das ist gewöhnlich, aber längst nicht immer, seine Mutter. Das zweite Modell betrifft die Sexualität, bei der es wirklich nicht tautologisch ist, sie als »erotisch« zu charakterisieren, denn Freud entdeckt die Sexualität in den *Drei Abhandlungen zur Sexualtheorie* ja gerade als erotische. Sie sehen, dass die Verzahnung mit dem ersten Modell durch die Verführung und durch die daraus resultierende Anlehnung geschieht (was ich weiter oben schon aufgezeigt habe). Der Pfeil der Bindung *bezeichnet* den Anderen der Bindung, aber dieser Andere funktioniert seinerseits nicht so einfach, wie man das bei der Bindung gerne annimmt (wenn man das so sagen kann). Denn es ist ein durch sein eigenes Unbewusstes, durch sein inneres »Anderes«, wie man sagen könnte, »kompromittierter« Anderer, so dass die Botschaften, die er aussendet, selbst kompromittiert oder enigmatisch sind, um diesen Ausdruck wieder aufzugreifen. Lassen Sie mich diese »erotische Sexualität« ein wenig definieren: Es ist eine Sexualität, die, und zwar ausschließlich, über die Phantasie entsteht; die ihren Ursprung im Unbewussten hat; die nicht gebunden ist, und das heißt, dass sie nicht einheitlich ist, weder in ihren Zonen noch in ihren Objekten, auch nicht in ihren Erscheinungsformen oder in ihren Zielen. Das ist es, was Freud, mit einem ihm selbst nicht ganz klaren Terminus, »autoerotisch« nennt. Ich sage, dass ihm der Terminus selbst nicht ganz klar ist, weil »autoerotisch« nicht alles bezeichnet, was mit dem Begriff der Sexualität bezeichnet werden soll.

Das dritte Modell schließlich ist Freuds Beitrag aus den Jahren 1911 bis 1914: das Erscheinen, die Entdeckung der narzisstischen Sexualität, gleichermaßen gebunden wie bindend, deren Objekttypus der »guten Form«, der *Gestalt* [i. O. deutsch] folgt. Und es ist nicht wirklich Zufall, dass Freud, als er den Narzissmus als eine Etappe nach dem Autoerotismus einführt, ihn folgendermaßen definiert: *eine neue psychische Aktion, um den Narzissmus zu gestalten* [i. O. deutsch; Freud; 1914c, S. 142]. Der Narzissmus ist eben eine *Gestaltung* [i. O. deutsch], ein In-Form-Bringen des Autoerotismus, das insofern eine tiefe Veränderung der Sexualität nach sich zieht, als die narzisstische Aktion, die narzisstische Formierung und Verfestigung, diese Sexualität bindet.

Ich habe, auch wieder mit Pfeilen, ein provisorisches Schema gezeichnet, um anzuzeigen, dass es diesmal so etwas wie einen »Spiegel« zwischen den beiden gibt; einen Spiegel (das habe ich betont), der nicht zwangsläufig das Instrument ist, das so heißt, die reflektierende Oberfläche als solche; es kann einen »Spiegel« ohne Spiegel geben!

Dieses Modell des Ganzen, des Totalisierenden – kurz, des Ich – und des Objekts als ein ganzes Objekt, ist zunächst ausgehend von Modell I gedacht, das ihm seine Wahrnehmungen, seine *Gestalten* [i. O. deutsch] liefert. In der Tat »formt sich« das Ich über die Wahrnehmung, sowohl über die Selbstwahrnehmung des eigenen Körpers (insbesondere der Körperoberfläche) als auch über die Wahrnehmung des Anderen als Ganzheit, also über etwas, das auf der Ebene der Selbsterhaltung und ihrer körperlichen Wahrnehmungsfunktionen abläuft, Schritt für Schritt, durch aufeinanderfolgende Ereignisse.

Das Modell des Ganzen (Modell III) baut somit auf Modell I auf, aber – und vor allem – auf Modell II, weil Freud uns zurecht sagt, dass das Ich seine Triebkraft der Ebene des Erotischen entlehnt, dass das Ich von der Libido, vom sexuellen Trieb »besetzt« ist, so sehr, dass es zu dem wird, was Freud zu dieser Zeit den großen »Libidovorrat« (Freud, 1923b, S. 273) nennt – ein Ausdruck, den er in der Folge – zu Unrecht – infrage stellen wird. Die Idee ist hier jedenfalls recht klar: Das Ich ist ein Vorrat an Libido in dem Sinne, dass es *angefüllt* worden ist; es ist dies kein ursprünglicher Vorrat, es ist kein Becken, das seit jeher gefüllt wäre – wie das in der Folge beim »Es« der Fall sein wird –, es ist vielmehr ein Vorrat, der von etwas anderem angefüllt worden ist, von einer *Quelle*, eben der Sexualität, und die in der Folge Wasser wieder in verschiedene Bereiche abfließen lassen kann.

Dieser Zeitpunkt, 1914, als der Text verfasst wird, ist eine Art Gleichgewicht, das ich hier neu schaffe, ein instabiles Gleichgewicht, das nur an einem Faden hängt oder besser an einem Verbindungsbolzen, in dem Sinne, in dem zum Beispiel ein Balkenwerk als Ganzes durch einen Bolzen zusammengehalten wird, wodurch ein Stück mit einem anderen verbunden ist und dieses dann mit einem dritten etc. Sobald Sie den Bolzen wegnehmen, fällt alles in sich zusammen.

Der Text von 1914: ein instabiles Gleichgewicht

Woran hängt dieses Gleichgewicht? Die Antwort liefert Modell II. Solange die Besonderheit dieses Modells II nicht gesehen und nicht erkannt wird, kann alles zusammenfallen. Diese Besonderheit lässt sich auf mehreren Ebenen beschreiben; ich möchte hier jedoch einmal mehr zwei dieser Ebenen verdeutlichen: ihr Wesen und ihre Genese. Die Besonderheit ihres Wesens liegt darin, dass das Modell II von der Phantasie, von der Bildung des Phantasmas nicht zu trennen ist. Das ist zugleich auch das Besondere seiner Genese, denn Modell II ist unauflöslich an die Zeit der Verführung geknüpft, die es erst entstehen lässt, – an die Zeit der Verführung und all dessen, was nach der Verführung geschieht, insbesondere die Verdrängung.

Dieses instabile Gleichgewicht wird sich sehr schnell auflösen. Wie in einer Art Zeichentrickfilm wird eines der Modelle die beiden anderen aufessen, sie wieder verschlucken. Welches verschlingt die anderen? Es ist Modell III. Das zuletzt Hingekommene wird zunächst Modell I aufessen und dann, nicht ohne beträchtliche Schwierigkeiten und erheblichen Aufwand, Modell II.

Um ein anderes Bild zu bemühen: zwei Nivellierungen drohen diese Struktur einstürzen und zusammenbrechen zu lassen. Diese beiden Nivellierungen werden von Freud schon in den ersten Seiten des Textes über den »Narzißmus« als Möglichkeit angedeutet. Noch bevor er diesen großen Text entfaltet, schreibt Freud, dass er »zwei Fragen berühren« müsse. Er sieht sozusagen im Voraus, was geschehen wird. Denn diese beiden Fragen sind für das Gleichgewicht des Ganzen tödlich.

Ich zitiere hier die zentrale Passage (vielleicht ist es kein Zufall, dass dies der erste Freud-Text ist, den ich übersetzt habe)[48] und ich kommentiere wieder in eckigen Klammern.

> »Ehe ich weitergehe, muß ich zwei Fragen berühren, welche mitten in die Schwierigkeiten des Themas leiten. Erstens: Wie verhält sich der Narzißmus, von dem wir jetzt handeln, zum Autoerotismus, den wir als einen Frühzustand der Libido beschrieben haben? [Mit anderen Worten: sollte man Modell II und Modell III voneinander unterscheiden; J. L.] Zweitens: Wenn wir dem Ich eine primäre Besetzung mit Libido zuerkennen, wozu ist es überhaupt noch nötig, eine sexuelle Libido von einer nicht sexuellen Energie der Ichtriebe zu unterscheiden? Würde die Zugrundelegung einer einheitlichen psychischen Energie nicht alle Schwierigkeiten der Sonderung von Ichtriebenergie [Modell I; J. L.] und Ichlibido [...] [Modell III; J. L.] ersparen?« (Freud, 1914c, S. 141).

Dass sich die Theorie selbst verschlingt, oder genauer, dass sie vom Narzissmus verschlungen wird, diese beiden Nivellierungen habe ich nicht erfunden. Sie sind da, und Freud weist genau darauf hin.

Von diesen beiden Fragen wird die zweite, nämlich das Verhältnis zwischen narzisstischer Sexualität und Selbsterhaltung sehr ausführlich behandelt, auf drei langwierigen Seiten; die erste Schwierigkeit wird dagegen in einem sehr kurzen Absatz, den ich oben, S. 91 in einem anderen Zusammenhang zitiert habe, aus dem Weg geräumt.

---

48 [Laplanche zitiert im Folgenden aus seiner eigenen Übersetzung des Freud'schen Textes von 1957; A. d. Ü.]

Die Sexualität in Gefahr? Unangenehme Diskussion mit Jung

Die zentrale Nivellierung, das Zusammenfallen des Sexuellen mit dem Nicht-Sexuellen, wird also auf drei Seiten verhandelt; diese Seiten sind eine direkte Antwort auf Jung. Freud beginnt wie folgt:

> »Die Aufforderung, die zweite Frage in entschiedener Weise zu beantworten [...]« (Freud, 1914c, S. 142; [A. d. Ü.]).

Die Aufforderung kommt von Jung, der wissen will, warum dieser Unterschied zwischen einer narzisstischen Libido und einer psychischen Energie im Allgemeinen überhaupt noch beibehalten werden soll. Wenn Sie diese Seiten lesen, die von großem historischem Interesse sind, werden Sie sehen, wie sehr Freud sich in dieser Frage verstrickt. Er gibt in der Diskussion nur eine vorläufige Antwort, denn schließlich lässt er die These Jungs in der Schwebe: Jung wird Recht haben, wenn ich, Freud, es nicht schaffe zu beweisen, dass ich Recht habe (beim entscheidenden Beispiel der Schizophrenie).

Um was geht es in dieser Frage? Die Frage ist einfach, sie ist ganz und gar nicht abstrakt, und *sie ist für die Psychoanalyse wesentlich*. Wenn das Ich der große Vorrat an Libido ist – wenn all unsere Handlungen letztlich über unsere Selbstliebe führen – wenn alles, was der Mensch macht, um sozusagen am Leben zu bleiben, nur deshalb geschieht, damit er für die Liebe von – was? – ... am Leben bleibt, für die Liebe des Anderen und für die Selbstliebe – wenn der Mensch mit anderen Worten nur durch die Liebe lebt – warum dann eine Ebene der reinen Selbsterhaltung aufrechterhalten, in der ein Subjekt, abstrakt gesehen, am Leben bliebe, ohne dass es um sein Bedürfnis nach Liebe ginge?

Die Frage ist letztlich sehr einfach, die Argumente dagegen sind sehr verdreht und fragil, eben deshalb, weil Freud den wesentlichen Punkt verfehlt, nämlich die Verzahnung der beiden Modelle [I und III; A. d. Ü.]. Er argumentiert zunächst klinisch: Der psychische Konflikt erfordert zunächst, dass sich der Sexualität etwas entgegenstellt, das heißt von ihr bedroht wird. Das Besondere des psychischen Konflikts besteht darin, dass Sexualität bekämpft, verdrängt wird. Aber im Namen von was? Die Frage bleibt unbeantwortet. Ist es die Selbsterhaltung, das heißt unser Festhalten am Leben, die durch das sexuelle Begehren in Gefahr gerät? Das ist eine Position, die Freud manchmal vertreten hat, aber letztlich erschien sie ihm nicht haltbar. Oder ist es am Ende nicht vielmehr das Ich, dem sich die Sexualität entgegenstellt? Doch in diesem Fall, wenn das Ich der zweite psychische Konfliktpol ist, müssen wir in diesem Konflikt nur das Verhältnis der beiden Modelle II und III berücksichtigen, da ja Modell I vollkommen von Modell III vertreten und repräsentiert wird.

Aber jenseits dieser Argumentation auf der Ebene der Klinik und der Ätiologie der Neurosen[49] rekurriert Freud, wieder und immer wieder, auf Argumente, die er zwar biologisch nennt, die aber in Wahrheit eher metabiologischer oder vielleicht sogar mythologischer Natur sind. Beispiele sind etwa: 1) Früher oder später wird es gelingen, die sexuelle »Substanz« zu isolieren; man muss somit die Unterscheidung zwischen Sexualität und Selbsterhaltung unbedingt aufrechterhalten. 2) Die Zugehörigkeit jedes Lebewesens zu zwei zellulären Abstammungsreihen (wir sind hier mitten in der biologischen Spekulation), zur Reihe der Keimzelle und zur Reihe der Körperzelle, impliziert die wechselseitige Unabhängigkeit zwischen der Sexualität (Erhaltung der Art) und der Erhaltung des Individuums. 3) Schließlich, *last but not least*, die »populär so geläufige[.] Trennung von Hunger und Liebe« (Freud, 1914c, S. 143). Ich sage *last but not least*, weil Freud bereit ist, diese große populäre Trennung, der er so viel Gewicht beimisst (wie das auch bei Schiller und den Romantikern der Fall ist), fallen zu lassen, denn kaum fünf Jahre später wird ja die große Polarität nicht mehr »Hunger und Liebe«, sondern, wie wir wissen, »Liebe und Hass« sein. Freud wird den einen Dichterphilosophen gegen den anderen austauschen, Schiller gegen Empedokles. Es ist immer möglich, solch große Gegensatzpaare zu wählen, um sie der eigenen Theorie als Motto voranzustellen!

Wie bereits gesagt, ist diese Argumentation nicht haltbar, und in der Tat wird sie sehr schnell in sich zusammenbrechen. Nachdem der Sturm einmal vorüber ist, wird Freud die Geschichte aus der Retroperspektive wiederaufgreifen in einem Text von 1922 mit dem Titel »›Psychoanalyse‹ und ›Libidotheorie‹« (Freud, 1923a, S. 211–233).

Ich möchte im Folgenden drei Paragrafen dieses Textes kurz behandeln, deren Überschriften lauten: »Narzissmus«, »Scheinbare Annäherung an die Jung'sche Auffassung«, und ein wenig später: »Anerkennung zweier Triebarten im Seelenleben« [Freud, 1923a, S. 231f.].

49 Einem Argument, das er als nebensächlich einordnet: »[…] will ich an dieser Stelle ausdrücklich zugestehen, daß die Annahme gesonderter Ich- und Sexualtriebe […] zum wenigsten auf psychologischem Grunde ruht, wesentlich biologisch gestützt ist« (Freud, 1914c, S. 144).

Gefahren des Jung'schen Monismus: Zusammenfallen der Selbsterhaltung mit einem Pansexualismus …

Die scheinbare Annäherung an die Auffassung Jungs bezieht sich auf die Absorbierung von Modell I durch Modell III: der Selbsterhaltung durch den narzisstischen Eros. Um einen Freud'schen Terminus wieder aufzugreifen, hier geht es um das Problem des »Pansexualismus«. Ich möchte hier gleich meinen persönlichen Standpunkt verdeutlichen: *Bevor der Pansexualismus eine Theorie ist, ist er zunächst einmal eine Realität*, mit anderen Worten: es gibt einen realen Pansexualismus, bevor er überhaupt gedacht und reflektiert werden kann. Dieser reale Pansexualismus besteht darin, dass beim Menschen überall Sexualität ist; in der Wirklichkeit ist sie nicht von Anfang an überall, aber sie dringt überall hin. Diese Sexualität ist eine Eroberungsbewegung (wie alle »Pan«-Bewegungen, zum Beispiel der Panslawismus); der reale Pansexualismus ist eine Eroberungsbewegung, in der die narzisstische Sexualität die Ebene der Selbsterhaltung übernimmt und vertritt, wie ich manchmal sage. Der Pansexualismus im Bereich der Theorie – aufgrund dessen sich Freud zeitweise den Ansichten Jungs annähert – ist selbst nur der entstellte Widerhall des realen Pansexualismus. Dieser theoretische Pansexualismus kann sogar, wenn man einen Schritt weitergeht, zu einem »Panpsychoanalysismus« [*panpsychoanalytisme*] führen: Wenn sich die Psychoanalyse auf den realen Pansexualismus und auf die pansexualistische Theorie stützt, infiltriert sie manchmal sogar andere angrenzende Wissenschaften, insbesondere die Psychologie, aber auch die Biologie, indem sie behauptet, ihr Zentrum und ihr Wesen zu sein. Ich möchte auf diese Eroberungsbewegung hinweisen, nicht um ihre Existenz zu bedauern – denn man kann nicht einfach nur bedauern, was ein so reales Fundament hat –, sondern um zu zeigen, was daraus entspringt.

Ich zitiere ein paar Passagen aus dem Text »›Psychoanalyse‹ und ›Libidotheorie‹« von 1922 und kommentiere sie in eckigen Klammern; das erste Zitat ist aus dem Absatz über den »Narzissmus«:

> »Es war also möglich, daß sich Objektlibido in Ichbesetzung umwandle und umgekehrt. Weitere Erwägungen zeigten, daß dieser Vorgang im größten Ausmaß anzunehmen sei, daß das Ich vielmehr als ein großes Libidoreservoir angesehen werden mußte, aus dem Libido auf die Objekte entsandt wird, und das immer bereit ist, die von den Objekten rückströmende Libido aufzunehmen. [ein außergewöhnliches Bild aus der Hydraulik! Und nun kippt alles um; J. L.] Die Selbsterhaltungstriebe waren also auch libidinöser Natur [durch dieses »also« ist die Übernahme erledigt;

> J. L.], es waren Sexualtriebe, die anstatt der äußeren Objekte das eigene Ich zum Objekt genommen hatten« (Freud, 1923a, S. 231).

Die Selbsterhaltungstriebe wären also nichts Anderes als Aktivitäten, die aus Liebe zum Ich durchgeführt werden.

Schauen wir nun auf den folgenden Absatz mit dem Titel »Scheinbare Annäherung an die Jungsche Auffassung«:

> »Auf solche Art gewann es den Anschein, als ob auch die langsame psychoanalytische Forschung der Jungschen Spekulation von der Urlibido nachgekommen wäre, besonders da mit der Umwandlung der Objektlibido in Narzißmus eine gewisse Desexualisierung, ein Aufgeben der speziellen Sexualziele, unvermeidlich verbunden ist« (Freud, 1923a, S. 231f.).

… und Zusammenfallen des Pansexualismus mit einer Desexualisierung

Sie sehen hier unser zweites Problem auftauchen, die Gefahr, dass Modell II durch Modell III aufgesaugt wird. Wir können folgendes Paradox formulieren: In gewisser Weise scheint der Pansexualismus unsere Praxis in ihrem Innersten nicht zu bedrohen. Wir können sogar so weit gehen zu sagen, dass dieser Pansexualismus nicht nur eine Bewegung im Realen, sondern auch die *Bewegung unserer psychoanalytischen Praxis selbst* darstellt, insofern sie sich per Definitionem nur für den sexuellen Konflikt interessiert und alles auf das Sexuelle zurückführt; und zwar deshalb, weil das Sexuelle alles im Menschen auf sich selbst zurückgeführt hat. Es gibt somit, über den realen Pansexualismus und den theoretischen Pansexualismus hinaus, eine dritte Ebene des Pansexualismus, den methodologischen Pansexualismus der psychoanalytischen Kur. Diese interessiert sich von ihrer Methode her nur für etwas, zu dem sie Zugang hat, für den inneren Konflikt auf sexueller Ebene; während sie zu der anderen Ebene, auf der dieser intrasexuelle Konflikt wiederhallt, zur Ebene der Selbsterhaltung, keinen direkten Zugang hat. Wenn nun dieser methodologische Pansexualismus auch recht gut der psychoanalytischen Praxis entsprechen mag[50],

50 Und zu Recht: ich formuliere hier überhaupt keine Kritik gegen die psychoanalytische Praxis; es geht hier um das, was ich in einem anderen Kontext den »psychoanalytischen Trog« genannt habe: er besteht genau in dieser Beschränkung auf den sexuellen Konflikt, also darin, dass die Selbsterhaltung durch das Sexuelle vertreten wird (vgl. Laplanche, 1987).

bringt er uns dennoch in eine große Gefahr, wenn er ohne Weiteres in die Theorie umgesetzt wird; diese Gefahr ist die … Desexualisierung. Denn, um es in einem Wort zu sagen: wenn alles sexuell ist, dann ist nichts sexuell. »Sexuell« wird dann ein Wort ohne Konsequenzen. Genau damit spielt Jung: Diese Energie kann man Libido nennen, aber genauso gut psychische Energie; andere haben zur gleichen Zeit ähnlich wie Jung argumentiert: Wenn man die Kundschaft nicht erschrecken will, spricht man von psychischer Energie, wenn man sich einen gelehrten Anstrich geben will, spricht man von Libido, aber all dies hat nicht mehr viel mit der Sexualität zu tun. Und dies gilt umso mehr, als mit dem Narzissmus, der im Inneren einer auf Anpassung ausgerichteten, »ichhaften« Sexualität situiert ist, unvermeidbar »eine gewisse Desexualisierung, ein Aufgeben der speziellen Sexualziele« verbunden ist.

Diese Gefahr ist auch mit Jung nicht verschwunden! Die Bewegung, die von der Selbsterhaltung zum Pansexualismus führt und vom Pansexualismus zur Desexualisierung der Analyse, diese Bewegung findet man offensichtlich in der heutigen Psychoanalyse wieder, nicht zuletzt in einer Theorie und Praxis, die derzeit unter der Bezeichnung *Objektbeziehung* firmieren. Alles auf die Objektbeziehung zurückzuführen, bedeutet, ein Wort auslassen, nämlich das Wort Sexualität. Auch wenn man Objektbeziehung um sexuell oder libidinös ergänzt, ändert das nicht wirklich etwas.

Die Absorbierung von Modell I durch Modell III ist somit umso gefährlicher, als Modell II seinerseits von Modell III verschluckt zu werden droht. Mit anderen Worten: Die Sexualität, die Freud zu Beginn entdeckt hatte – die insbesondere an die Phantasie gebunden war, die nach den Gesetzen des Primärvorganges funktionierte, gemäß Assoziationen, durch die eine Hysterikerin beim Anblick eines völlig nichtssagenden Gegenstandes eine Angstkrise oder einen Heulanfall bekommen konnte, all diese Verschiebungen und Verdichtungen, die Freud als den eigentlichen sexuellen Funktionsmechanismus entdeckte, die Ursprünglichkeit der sexuellen Ziele, die Neigung zur maximalen orgiastischen Befriedigung [*jouissance*] – genau diese Sexualität wird zeitweilig vergessen, sie ist dann nur mehr ein Avatar, der rein biologisch, zweckgebunden, als Ganzes funktioniert.

Verdeckte Aspekte der Desexualisierung

Ich möchte einige Vorboten dieser Übernahme behandeln.

Die Verschiebung des Narzissmus. Der Narzissmus wird zu einer biologischen Phase des Anfangs, was uns zu diesem anderen Aspekt der Freud'schen Verirrung zurückführt: dem Versuch, die Entwicklung des menschlichen Wesens rein endogen zu beschreiben. Der Narzissmus wird somit zurückverlegt und rein biologisch bestimmt – als wirklicher Anfangszustand. Darüber hinaus, und das ist das Entscheidende an dem ganzen Umbau, wird, was vorher als Autoerotismus bezeichnet worden war, nun diesem Narzissmus des Anfangs untergeordnet. Ich zitiere noch einmal die Passage aus »Triebe und Triebschicksale«, in der binnen eines einzigen Jahres (1914–15) das Zusammenfallen des Autoerotismus mit dem Narzissmus, also des Modells II mit Modell III bewerkstelligt wird:

> »Das Ich findet sich ursprünglich, zu allem Anfang des Seelenlebens, triebbesetzt und zum Teil fähig, seine Triebe an sich selbst zu befriedigen. Wir heißen diesen Zustand den des Narzißmus, die Befriedigungsmöglichkeit die autoerotische« (Freud, 1915c, S. 227).

Der Autoerotismus wird einfach zum Befriedigungstyp der ursprünglichen narzisstischen Etappe. Warum? Was war am Autoerotismus nicht »zu halten«? Was hat es verhindert, den Autoerotismus als eine unabhängige Phase beizubehalten? Es ist *das Vergessen der Phantasie* als ein konstitutives Element des Autoerotismus. Von dem Moment an, an dem Freud den Autoerotismus nicht mehr, mit Beginn der sexuellen Aktivitäten des Säuglings, in einer Phantasie gründen lässt, war die Nivellierung des Autoerotismus eingeleitet.

Ein anderes Zeichen war *das Erscheinen des Terminus* EROS als Synonym für Liebe; ein Terminus, der, trotz der gemeinsamen Etymologie, im Namen des Ganzen das »Erotische« entthront, einschließt und schließlich zum Verschwinden bringt. Liebe des ganzen Ichs und Liebe des ganzen Objekts.

Ein weiteres Zeichen (es sind dies alles Symptome derselben Bewegung) ist die Einführung des Terminus »Lebenstrieb«: eine außergewöhnliche Erfindung zur Bezeichnung, und gleichzeitigen Desexualisierung, der Sexualität.

Dieses Zusammenfallen der Sexualität mit der Form, die sie zu einem Ganzen macht, mit der Liebe, bestätigen viele Texte, angefangen mit *Jenseits des Lustprinzips* (1920) bis hin zum »Abriss der Psychoanalyse« (1938). Um zu zeigen, dass der EROS tatsächlich nur noch auf der Seite der Bindung [*liaison*; A. d. Ü.] zu finden ist, dass die Sexualität ganz in Modell III aufgegangen ist, will ich zunächst eine eher zufällig ausgewählte Fußnote aus *Jenseits des Lustprinzips* zitieren:

> »Mit der Aufstellung der narzißtischen Libido und der Ausdehnung des Libidobegriffes auf die einzelne Zelle [die Spekulation geht bis hin zur biologischen Ebene

> der Zelle; J. L.] wandelte sich uns der Sexualtrieb zum Eros [erst durch die Einsetzung des Narzissmus wird die Sexualität in den Eros umgewandelt, man kann es nicht klarer sagen; J. L.], der die Teile der lebenden Substanz zueinanderzudrängen und zusammenzuhalten sucht, und die gemeinhin so genannten Sexualtriebe erschienen als der dem Objekt zugewandte Anteil dieses Eros. [Gewiss gibt es Anderes als den Narzissmus; aber dieser dem Objekt zugewandte Eros ist ebenso auf Ganzheit aus: damit bleiben wir in Modell III: Man kann sagen, die Objektliebe ist ein projizierter Narzissmus; J. L.]« (Freud, 1920g, S. 66, Fn. 1.)

Und hier das zweite Zitat, entnommen aus dem *Abriss*:

> »Das Ziel des [*Eros*] ist, immer grössere Einheiten herzustellen und so zu erhalten, also Bindung« (Freud, 1940a, S. 71).

Wäre die Sexualität also mit Kind und Kegel auf die Seite der Bindung [*liaison;* A. d. Ü.] übergegangen? Modell III hat Modell I verschlungen und ist nun dabei, dasselbe auch mit Modell II zu tun. Der Pansexualismus ist Pan-Eros, Pan-Liebe geworden; und was sich durch diesen Pan-Eros hindurch bemerkbar macht, ist eine Art von Pan-Vitalismus – dann z. B., wenn auf vitale Prozesse bis hin zur Zellebene Bezug genommen wird. Wie ich schon am Anfang dieser Vorlesung betont habe, ist aus dem Mythos des Aristophanes, dem abschreckenden Beispiel der *Drei Abhandlungen zur Sexualtheorie*, durch eine außergewöhnliche, magische Wandlung das eigentliche Paradigma der Sexualität geworden. Die zerstückelte, perverse, nicht zielgerichtete Sexualität, wie sie in den *Drei Abhandlungen* (und in gewisser Weise noch in »Triebe und Triebschicksale«) beschrieben wurde, die Rolle der Phantasie, die Rolle des verdrängten Unbewussten, das an den Ursprüngen des Triebes zu situieren ist – all das ist im Begriff, zu verschwinden.

Doch es erscheint der Todestrieb. »Leben und Tod in der Psychoanalyse«

Doch dann, zum Glück, gibt es, mit Aristoteles gesprochen, eine »Peripetie«, eine Wende der Situation, zumindest teilweise; denn die erotische Sexualität lässt sich nicht einfach verschlingen, ihr radikaler, entbundener Aspekt taucht schließlich zwangsläufig wieder irgendwo auf. Freud kann unmöglich seine Entdeckung völlig vergessen haben, die Sexualität muss doch dieses Desaster überleben … und tatsächlich geht das Zitat aus dem »Abriss der Psychoanalyse« folgendermaßen weiter:

> »das Ziel des anderen [des Antagonisten des Eros; J. L.] [ist] im Gegenteil, Zusammenhänge aufzulösen und so die Dinge zu zerstören« (Freud, 1940a, S. 71).

Hier ersteht also, erscheint etwas an einem anderen Ort wieder, was vom narzisstischen Eros nicht völlig vereinnahmt werden konnte: etwas, das, Sie wissen es, nun Todestrieb heißt.

»Warum Todestrieb?« So lautet der Titel des langen letzten Kapitels in meinem Buch *Leben und Tod in der Psychoanalyse*, auf das ich hier nur verweisen kann (Laplanche, 2014 [1970], S. 149–177). Ich habe es gestern Abend noch einmal gelesen und mit Ausnahme von einigen Akzenten sehe ich kein Wort, dem ich in diesem Kapitel nicht zustimmen würde. Es wird Ihnen insbesondere ermöglichen, *Jenseits des Lustprinzips* anders zu lesen; für die Neulektüre empfehle ich folgenden Schlüssel: Wenn die Sexualität nur totalisierender Eros ist, und wenn diese Sexualität nach einem Lustprinzip funktioniert, das als eine Homöostase, also als ein Stabilitätsprinzip gedacht wird, dann braucht man ein »Jenseits des Lustprinzips«, weil man ein Jenseits – oder ein Diesseits – des totalisierenden Eros braucht. Ich sage diesseits, weil wir immer wieder die Existenz von etwas behaupten, das gegenüber der Bindung [hier und im Folgenden: *liaison;* A. d. Ü.] als logisch primärer angesehen werden kann, primär im Sinne des Primärvorganges (auch wenn beide, Bindung und Entbindung, komplementär sind). Der Todestrieb *bestätigt* also *eine Kraft der Entbindung*, die von der Psychoanalyse schon durch ihre Methodologie und durch ihre Annäherung an unbewusste Prozesse von Anfang an als gegeben angesehen worden war, eine Kraft der Entbindung, die am Werk ist in dem, was man Primärvorgang nennt.

Zweitens (diese drei Punkte werden in *Leben und Tod* entwickelt) *bekräftigt* der Lebenstrieb *den Vorrang* der reflexiven Zeit, *der »auto«-Zeit* in der Genese des Triebes, einer reflexiven Zeit (diesen Punkt möchte ich heute ergänzen), die direkt mit dem Prozess der Metabolisierung und der Verdrängung in Verbindung zu bringen ist.

Und drittens schließlich *bekräftigt* der Todestrieb *den inneren Angriff* dieses inneren fremden Körpers, der in das psychische Individuum eingeführt wurde; dieser »auto-Angriff« ist die wirkliche Bedeutung der Autoaggression, die als Todestrieb ausgegeben wird.

Doch heute möchte ich auf diesen Begriff oder diesen sogenannten Begriff des Todestriebes einen kritischen Blick werfen: Erstens fehlen dem Todestrieb wesentliche Dinge für die Wiederherstellung dessen, was er wiederherstellen soll; zweitens verlagert er den Konflikt auf eine Metaebene; und schließlich, drittens, erlaubt es der Todestrieb, unter der Hand Schmuggelware einzuführen.

Dem Rohkonzept des Todestriebes fehlen wesentliche Dinge. Wenn Sie mir aufmerksam gefolgt sind, werden Sie gesehen haben, dass ganz einfach für alles die Basis fehlt, es fehlt die Verführung; es fehlt auch die Phantasie als Quelle des Triebes; es fehlt der Verdrängungsvorgang als Erzeuger der Phantasie. Ein Todestrieb ohne Verdrängung, der nicht aus einem Verdrängungsprozess hervorgeht, verfehlt das Wesentliche dessen, was uns als die Genese des Triebes beim Menschen erscheint, insbesondere den »dämonischen« Charakter des Triebes, den der Todestrieb doch angeblich wieder ins Spiel bringen soll.

Mit der Verlagerung des Konflikts auf eine Metaebene werden alle Fragen – die am Anfang erfahrungsnah gestellt wurden – als letztlich metaphysische Spekulation verhandelt, die man aber durchaus anschaulicher auch als Metabiologie bezeichnen kann. Spekulation über die Ursprünge des Lebens, über die Evolution der Lebewesen, über den Gegensatz zwischen Keimzelle und Körperzelle, eine Spekulation, die nicht davor zurückschreckt, ihre Modelle von Aristophanes und den Vorsokratikern zu beziehen. Von den Termini »Leben« und »Tod« selbst kann man sagen, dass es *keine* biologischen Konzepte sind; es sind Termini, auf die eine Wissenschaft vom Biologischen sehr gut verzichten kann. Diese metabiologischen Begriffe werden dort in den sexuellen Konflikt eingeführt, wo sie nichts zu suchen haben, außer man versteht sie auf eher metaphorische, völlig entstellte Weise. Mit dieser metabiologischen Spekulation kehrt nachhaltig das Problem des *Zwecks* zurück, der Zielgerichtetheit der Sexualität, einer Sichtweise auf die Sexualität, die, wie Freud zu zeigen versucht, mit dem Wiederholungszwang von Anfang an da war. Man kann mit anderen Worten sagen, dass die zwei großen Funktionsweisen der Sexualität, die nach den beiden wahrhaft psychischen Funktionsprinzipien gebildet sind – nicht Lust- und Realitätsprinzip, sondern das Prinzip von Bindung und Entbindung –, dass diese zwei großen Funktionsweisen der Seele Triebe, ja ich würde sogar sagen, dass sie Instinkte geworden sind. Zweifellos verwendet Freud noch den Terminus *Trieb* [i. O. deutsch], um von *Lebenstrieben* [i. O. deutsch] und *Todestrieb* [i. O. deutsch] zu sprechen (von den Lebenstrieben gewöhnlich im Plural, vom Todestrieb im Singular), aber in Wirklichkeit deutet alles darauf hin, dass da eine Rückkehr zum Instinkt stattfindet, und in *Jenseits des Lustprinzips* gibt es sogar eine direkte Bezugnahme auf den Instinkt, als voller Bewunderung die großen tierischen Wanderungsbewegungen erwähnt werden, die Lachse, die stromaufwärts schwimmen oder Vögel auf Wanderung, beide getrieben vom Instinkt, zu etwas zurückzukehren, das eben ein *Zweck* [i. O. deutsch] ist (vgl. oben S. 35 und S. 45f., Fn. 24).

Einige Verirrungen mit dem Todestrieb

Um zu bekräftigen, dass dieses Wiederauftauchen einer Kraft der Entbindung im Todestrieb leider mehr als unvollkommen, ja trügerisch ist, möchte ich als dritten Punkt anführen, dass die Erfindung des Terminus »Todestrieb« aufgrund seiner Ungenauigkeit und des ihm inhärenten Romantizismus es möglich macht, verschiedenartigstes Gedankengut einzuführen, darunter wenig Brauchbares. Wie oft werden Psychoanalytiker mittlerweile wachgerüttelt und von »Philosophen« aufgefordert, doch bitte nicht diesen Todestrieb zu vergessen, der so schöne Spekulationen erlaubt? Mit diesem wunderschönen Ausdruck kann man einfach alles Mögliche abdecken. Für einige deckt er eine Nirwana-Tendenz ab, etwas extrem Friedvolles, eine Art latenten Buddhismus, eine Art sanfte, befriedete transzendentale Meditation; aber anderen zufolge ebenso gut etwas, das im Gegenteil mit dem dionysischen Rausch verwandt ist. Dieser Idee des Rausches zugeneigt, hat Freud sich dazu hinreißen lassen, von der »Reinkultur« [Freud, 1923b, S. 283] der Todestriebe zu sprechen; man sieht sie sozusagen unter dem Mikroskop wimmeln wie hartnäckige Bakterien oder zerstörerische Viren. Umgekehrt und in anderen Momenten ist es die absolute Stille, die den Todestrieb kennzeichnet, etwas, wo nichts mehr »Wellen schlägt«.

Ich gebe Ihnen ein anderes Beispiel. Der Todestrieb wird definitiv, oder wenigstens für lange Zeit, das reale Problem der Aggressivität abdecken, wobei nichts darauf hinweist, dass er dafür eine Lösung bereithält, höchstens eine sehr abstrakte, die im Übrigen bemerkenswerterweise in *Jenseits des Lustprinzips* fast vollständig fehlt, denn dort wird kaum auf Aggressivität angespielt. In jedem Fall ist er ein Schlüssel (ein Passepartout), den man sich dann nicht gescheut hat einzusetzen, während man die hochkomplexen Mechanismen, die in der Aggression im Spiel sind, völlig vernachlässigt hat! Diese Mechanismen müsste man sich jedoch alle wieder vornehmen, um sie im Sinne der drei oben angegebenen Ebenen zu entwirren: der vitalen und tierhaften Ebene, der erotischen Ebene und der narzisstischen Ebene. Das Konzept »Todestrieb« hat es dagegen geradezu verhindert, diese Ebenen zu entwirren.

Noch ein anderes Beispiel: die völlig selbstverständliche Verwandlung des Todestriebes in eine biologische Todessehnsucht. Es handelt sich dabei um eine einfache sprachliche Lösung, mithilfe derer man bei jedem somatischen Prozess, der zum Tode hinführt, problemlos zu einem sogenannten Primärelement übergehen kann. Konkret bedeutet dies, dass mir als Betreuer von Forschungsarbeiten regelmäßig Arbeiten vorgeschlagen werden – sagen wir zu Krebs –, zu denen der Todestrieb unmittelbar einen Beitrag leisten soll. Ein anderer nicht gedeckter Handel wird schließlich mit dem existenzialistischen Sein zum Tode getrieben, das natürlich sehr früh mit dem Todestrieb gleichgesetzt worden ist: Endlich war in der Psychoanalyse etwas gefunden worden, das metaphysischen Sehnsüchten entsprach! Lacan selbst hat bei dieser Annäherung an das Sein zum Tode mitgemacht, im Namen des Todestriebes.

Trotz dieser »Abdeckungen«, in dem Sinne, in dem der Todestrieb selbst eine *Deckbildung* [i. O. deutsch] darstellt, wird Freud zumindest in diesem letzten Punkt (dem Sein zum Tode) standhaft und prosaisch bleiben, trotz seiner persönlichen und pathetischen Beziehung zum Tod, dem Tod seiner Nächsten und seinem eigenen. Er wird daran festhalten, dass es im Unbewussten keine Vorstellung vom Tod gibt (was vielleicht eine Behauptung ohne große Konsequenz ist, angesichts der Tatsache, dass es ganz einfach *keine Vorstellungen im Unbewussten* gibt)[51], aber er wird auch, erfahrungsnäher und beobachtbarer, bekräftigen, dass die bewusste Vorstellung vom Tod *nicht primär* ist, dass sie erworben ist beim Kind, ganz konkret in der Geschichte des Individuums, aber auch in der Geschichte der Art (*Totem und Tabu* und andere Texte), und dass sie überdies über den Tod des Anderen vermittelt wird, entweder durch den Verlust eines Anderen oder manchmal durch den Mord an einem Anderen. Man beraubt der Vorstellung vom Tod nicht ihr tragisches Moment, wenn man sagt, dass sie durch den Tod des Anderen erworben und vermittelt worden ist.

»Warum Todestrieb?« lautet wie gesagt der Titel des letzten Kapitels von *Leben und Tod in der Psychoanalyse*. Es lohnt sich, diese Frage auf zweifache Weise zu beantworten. Warum gibt es den Todestrieb *bei Freud*? Warum sollte man *nach Freud* am Todestrieb festhalten?

Den Weg, den der Todestrieb bei Freud zurückgelegt hat, habe ich einige Male nachverfolgt und aufgezeigt, dass seine Hauptfunktion darin besteht, etwas wiederauferstehen zu lassen, ein Gleichgewicht wiederherzustellen, aber auch etwas zu verdunkeln. Wenn man an diesem Todestrieb den Terminus »Tod« retten will, muss man ihn dauernd kommentieren: So kann man sagen, dass er ein »Todestrieb für das Ich« ist; oder aber, und vor allem, dass er sich nur als »sexueller Todestrieb«, als sexueller Entbindungstrieb halten lässt.

51 Keine Vorstellung vom »Leben«, zum Beispiel …

Aber kann man wieder und immer wieder Freuds Weg folgen? Hat nicht der Terminus, der Signifikant »Todestrieb« ein intrinsisches Gewicht angenommen, durch das jede Erklärung sinnlos wird? Und schadet dieses Gewicht nicht überdies dem psychoanalytischen Denken: Ist es nicht ein wahres Hemmnis für das Denken?

Im Gegensatz Lebenstriebe – Todestrieb erreicht die biologistische Verirrung bei Freud ihren Endpunkt. Kein Wunder, dass sich diese Verirrung in der psychoanalytischen Strömung stabilisieren konnte, die diesen Gegensatz – nach seiner Umbenennung in Sexualität/Aggressivität – am ernstesten genommen hat, ich meine natürlich die Schule von Melanie Klein.

Alles, was der Kleinianismus verloren hat

Ich habe schon einige entscheidende Aspekte der Freud'schen Entdeckung aufgezählt, die in der Kleinianischen Theorie und Praxis in Vergessenheit geraten sind. Lassen Sie mich auf einige zurückkommen; letztlich sind sie tief miteinander verwoben.

In Vergessenheit geraten sind: die Freud'sche Methode mit all dem, was sie an Analyse enthält, das heißt an Unterwerfung unter den Primärprozess, was ersetzt wird durch eine Hermeneutik, eine Rückkehr, in anderer Form, zu einer Art von Vorgehen, wie es vor Freud praktiziert wurde; ihr theoretisches Grundgerüst wird selbst zum Deutungsschema: Das Prinzip von Bindung und Entbindung ist unter dem Label Liebe und Hass zu einem Deutungspassepartout geworden, das man dem Patienten unterschiebt. Dies alles ist bereits im Detail beschrieben und kritisiert worden, insbesondere von Maurice Dayan in seinem Text »Mme K. ... interpréta« [»Frau K. ... deutete«; A. d. Ü.][52]; mir ist jedoch wichtig hinzuzufügen, dass es sich dabei um eine verschleierte Rückkehr zur alten »Hermeneutik« handelt.

In Vergessenheit geraten ist auch die Referenz auf die Selbsterhaltung. Ich habe bereits darauf hingewiesen, dass dieser Verlust der Selbsterhaltung an sich für den Psychoanalytiker kein Drama ist, weil das Besondere seiner Praxis darin besteht, sich zwischen den Modellen II und III zu bewegen; der »psychoanalytische Trog« bewirkt ja genau diese Art Abstraktion von der Selbsterhaltung, die Zäsur in dieser Frage. Aber nichtsdestotrotz existiert die Selbsterhaltung und

---

52 In seinem Buch *L'arbre des styles* [»Der Baum der Stile«; A. d. Ü.]. Paris, Aubier-Montaigne, 1980, S. 107–163.

man muss sich auf sie beziehen, wenn man einen Einblick darüber haben will, was die Psychoanalyse (und die Sexualität) für den Menschen bedeutet. Paradoxerweise wird auch Melanie Klein lediglich mit den Modellen II und III arbeiten, also auf der Ebene dessen, was das Besondere der Psychoanalyse ausmacht, aber bei ihr sind diese Modelle sozusagen Phantasmagorien geworden, Kampf-Orte mythischer Entitäten, des Guten und des Bösen, der Liebe und der Aggressivität, des Ganzen und des Partialen. Mythische Entitäten, zugleich aber auch Entitäten biologischer Natur, da jede Entwicklung, bis hin zur Genese der Phantasie, endogen aufgefasst wird. Wirklich große »Instinkte« beherrschen den Kampf und werden beim Individuum in eine konkrete Währung eingetauscht.

Schwerer wiegt aber, dass in diesem antagonistischen Paar, Liebe und Aggressivität, die Sexualität ihren eigentlichen Platz verloren hat. Das Sexuelle ist, wie der Freud'sche Eros, ein Lieben geworden, das auf das Ganze, die Synthese aus ist. Es braucht hingegen all unseren guten Willen, um das entbundene und entbindende Sexuelle dort am Werk zu erkennen, wo es sich im System versteckt: unter der Maske der Destruktivität, zum Beispiel in der paranoiden Position, oder im bösen, angreifenden Partialobjekt.

Dieser beachtliche Perspektivenwechsel ist auch auf der metapsychologischen Ebene wiederzufinden. Die Idee der Anlehnung zum Beispiel hat natürlich keinen Platz mehr: Die Triebe sind für alle Ewigkeit da, so dass die Genese des Sexuellen beim Individuum keinerlei Problem darstellt. Die Verführung und ihre notwendige Grundlage, der Vorrang des Anderen in der Bildung des sexuellen Subjekts, ist ebenso völlig fremd in einem System, in dem der Erwachsene-als-Objekt beim Kind vor allem dazu dient, Verankerungspunkte zu bieten für die instinkthaften, von Natur aus endogenen Bewegungen des Kindes.

Schließlich, um zu den klassischsten metapsychologischen Begriffen zu kommen, stellt die Problematik der Verdrängung, des Unbewussten als ein abgetrennter Bereich mit seinen eigenen Gesetzen und Inhalten, nichts mehr dar, worüber man sich Sorgen machen müsste, denn dieses Denken hat sich ein für allemal eine andere anfechtbare Freud'sche Formulierung zu eigen gemacht, wonach »alles, was bewusst ist, vorher unbewusst war«.

Ich komme auf meine Frage zurück: Was sollen wir nach Freud mit dem Todestrieb machen? In einem kohärenten System (dem Kleinianismus) erscheint er gut integriert innerhalb einer Psychoanalyse, die biologistisch oder metabiologistisch umgestaltet wurde. Bei vielen Zeitgenossen ist er wie ein hinzugefügtes Teil, auf das in Abständen, immer wenn es notwendig ist, zurückgegriffen wird und die verschiedenen in der Klinik angetroffenen Schwierigkeiten und Sackgassen notdürftig behoben werden müssen.

Die Psychoanalyse neu gründen: die Freud'sche »Anforderung« wiederaufspüren

In einer systematischen Neugründung der Psychoanalyse wird uns der Todestrieb – sobald wir einmal verstanden haben, welche konjunkturelle Funktion er im Freud'schen Gebäude innehat – zweifellos als ein überflüssiger Begriff erscheinen, überflüssig dafür, die »Mitspieler und die Einsätze des psychischen Konflikts« zu definieren.

II Biologismus und Biologie[53]

53 Vortrag anlässlich der Verleihung der Ehrendoktorwürde an der Universität von Buenos Aires am 23. Oktober 1997.

Psychoanalyse und Biologie: Realitäten und Ideologien

Das Thema, das ich heute angehe, ist sehr aktuell. Es ist auch sehr umfangreich. Ich will versuchen, dazu insofern etwas Neues beizutragen, als ich die Frage nicht in erster Linie auf einer naiv-realen Ebene der Beziehung zwischen zwei sogenannten Konkurrenzdisziplinen behandeln werde, wie etwa: »Hat die Psychoanalyse etwas mit der Biologie zu tun?« oder: »Bestätigt die Biologie die Entdeckungen der Psychoanalyse oder widerspricht sie ihnen, und lässt deren Praxis damit überholt erscheinen?« Ich möchte stattdessen versuchen, die Frage folgendermaßen umzudrehen: »Welche Funktion hat, lange bevor es die moderne Biologie gegeben hat, in der Bildung des menschlichen Subjekts der Bezug auf die Welt des Lebendigen?«

Vor der Beantwortung dieser Frage will ich zunächst Position zu zwei Fragen beziehen, für die ich kein Experte bin, sondern sozusagen ein gebildeter Mensch oder vielleicht ein Philosoph:

1) zum Nutzen, den ein Dialog zwischen der Psychoanalyse und der modernen Biologie, der Neurobiologie, der Neurophysiologie haben könnte;
2) zur sehr speziellen, sehr besonderen Beziehung zwischen der Psychoanalyse und der Genetik.

I

Im Hinblick auf die erste Frage, den Dialog zwischen Biologie und Psychoanalyse, sehe ich die Dinge folgendermaßen: Ich gehe von einem Materialismus aus. Das Postulat, wonach es kein Denken ohne entsprechende Körperveränderungen geben kann, erscheint mir unwiderlegbar.

Die Fortschritte der modernen Biologie sind riesig, aber sie scheinen mir kein einziges weiteres Argument zu liefern, das diese prinzipielle Position erschüttert, die auch Spinoza vertritt und, lange vor ihm, die ganze antike materialistische Tradition. Dennoch erscheint es angebracht, zunächst gewisse Vorbehalte hinsichtlich dieser allgemeinen These zu formulieren. Der erste besteht darin, dass wir uns mehr und mehr von der Annahme einer Eins-zu-eins-Entsprechung zwischen jenem besonderen, lokalisierbaren Prozess im Nervensystem und jenem psychischen Teilprozess entfernen. Ich denke nicht, dass ein Neurophysiologe selbst in *unabsehbarer Zukunft* darauf hoffen kann, eines Tages in jenem lokalisierten Hirnprozess die mathematische Differenz zwischen einer Gleichung zweiten Grades und einer Gleichung dritten Grades ausmachen zu können; und dies selbst dann nicht, wenn es offensichtlich ist, dass es sich auch um materielle Prozesse handelt, was die Einwirkung von Drogen auf den Denkprozess des Mathematikers unbestreitbar beweist. Aber es ist klar, dass man keine Droge gefunden hat und zweifellos auch nie eine finden wird, die die Gleichung zweiten oder dritten Grades durcheinanderwirbeln könnte.

Ich habe gerade gesagt »in *unabsehbarer Zukunft*«. Die meisten Arbeiten zur Beziehung zwischen Biologie und psychischem Prozess stehen in der Tat unter dem allgemeinen Vorzeichen des *not yet:* »noch nicht«. Zweifellos kennt unsere Erkenntnis der Natur keine Grenzen. Das »noch nicht« der Naturwissenschaften widersetzt sich der Idee eines geschlossenen Wissens. Aber, in unserem präzisen Fall glaube ich, dass es um etwas anderes geht, um ein anderes »noch nicht«, das noch unverzichtbarer ist. Sagen zu können: »Wir kennen die zerebralen Prozesse, die die Basis wissenschaftlichen Denkens ausmachen, *noch nicht*«, ist von einer vitalen Notwendigkeit. *Das »noch nicht«* ist hier *ein absolutes »noch nicht«*. Wäre dies nicht der Fall, müsste der Forscher, der einen Neurobiologie-Artikel schreibt, akzeptieren, dass die Überlegungen, die er selbst in ebendiesem Moment entwickelt, auf der relationalen Ebene keinen Anspruch auf irgendeine Konsistenz haben.

Ich will das erklären: Wenn es die biologische Forschung schaffen würde, die Denkprozesse in ihrer Komplexität einzuholen, müsste der Wissenschaftler im äußersten Fall nicht mehr überzeugen. Er müsste die Überzeugung bei seinem Gesprächspartner nur durch materielle Mittel provozieren. Diese Spekulation stellt uns vor einen Abgrund der Ratlosigkeit: Kann man einen Artikel einer neurowissenschaftlichen Zeitschrift injizieren, wie man ein Neuroleptikum injiziert?

Bis jetzt habe ich nicht von der *Psychoanalyse* gesprochen, die meines Erachtens weder mehr noch weniger an neurobiologische Prozesse gebunden ist als etwa die Ästhetik, die Logik oder die Überlegungen des Physikers. Die Ebene des Denkens bildet in der Tat ein Ganzes, genauso wie die materielle Ebene. Es gibt überhaupt keinen psychischen Prozess, von dem man behaupten könnte, dass er von seinem materiellen Substrat abhängiger sei als jener andere.

Von daher stellt sich die Frage: Warum die Psychoanalyse? Warum stellen wir andauernd die Frage, ob die biologischen Entdeckungen in der Lage sein werden, die Psychoanalyse zu entthronen? Eine Frage, die in sich genauso absurd ist, wie etwa zu fragen, ob die Fortschritte der Biologie die Mathematik oder die Logik entthronen werden?

Warum die Psychoanalyse? Warum wäre die Psychoanalyse ein privilegierter Gesprächspartner der Biologie? Ich sehe einen einzigen zentralen Grund dafür, und dieser Grund ist nicht objektiv, sondern subjektiv: Wenn die Neurowissenschaften ihr Projekt (trotz des *not yet*) vollenden würden, würden sie alles erklären, einschließlich der Entwicklung und des Mechanismus der Neurowissenschaften selbst, wie auch der Denkprozesse des Biologen. Von daher ergibt sich die Notwendigkeit, *dieses Undenkbare zu begrenzen*: das heißt den physiologischen Determinismus zu begrenzen, der den Mechanismus des dem Wissenschaftler eigenen Denkens bestimmt.

Nun ist aber die einfachste Grenzziehung die Unterscheidung zwischen normal und pathologisch; von daher ergeben sich zwei parallele Behauptungen: 1) Die Psychoanalyse beschäftigt sich nur mit Pathologischem. 2) Die Neurobiologie fühlt sich bei den Beschreibungen der Psychopathologie wohler als bei den Beschreibungen normaler Phänomene. Hier haben wir ein doppeltes Postulat, das ziemlich praktisch ist, aber falsch. Falsch in Bezug auf die *Psychoanalyse*, die sich wenig um die Unterscheidung normal vs. pathologisch kümmert. So ist der Begriff des psychischen Konflikts ein universeller Begriff. Falsch auch in Bezug auf die *Neurobiologie*, die nicht einfach darauf verzichten kann, gleichermaßen normale wie pathologische, intellektuelle wie affektive Prozesse zu untersuchen.

Der immer wieder neue Versuch eines sogenannten Dialogs kommt mehr von der Neurobiologie als von der Psychoanalyse, genauer gesagt, von Fachjournalisten, die sich durch die permanenten Ankündigungen neurowissenschaftlicher Forschungsergebnisse dazu gedrängt sehen. Auf Seiten der Biologie sehe ich darin den Versuch, sich auf diese Weise nicht mit dem im Prinzip unbegrenzten, und eigentlich »bodenlosen« Charakter ihrer eigenen Forschung auseinandersetzen zu müssen: man *attackiert* lieber das, was man für das schwächste Glied in der Kette der Humanwissenschaften hält.

Ich persönlich verbinde diese Diskussion immer mit der allgemeineren Diskussion zum Verhältnis von Biologie und Wissenschaften vom Menschen, in der die Psychoanalyse überhaupt keinen Sonderstatus hat.

II

Ich komme zu einem anderen Aspekt, den man nicht mit dem vorherigen vermischen sollte. Ich meine die *Genetik*. Die moderne Genetik nimmt in neuen

Begriffen die alte Diskussion von *angeboren* vs. *erworben* wieder auf, der sich die Psychoanalyse, und Freud, zurecht niemals entziehen wollte. So sinnlos es ist, jedes Mal auf die philosophische Frage Körper – Seele zurückzukommen, so wichtig ist es, sowohl für unsere Praxis wie für unsere Theorie, genaue Vorstellungen von dem zu haben, was man (individuellen) *Erwerb* nennt.

Ich möchte in wenigen, nicht fachwissenschaftlichen Worten die immensen Fortschritte der zeitgenössischen Genetik in Erinnerung rufen. Die Entdeckung der Gene, ihre Identifizierung, ihre künstliche Veränderung und ihre Transplantation. Das Erstellen einer Art Genom-Kartierung.

Das ist beeindruckend, auch wenn man noch weit entfernt ist von den gesteckten Zielen. Aber was ist in die Gene eingeschrieben? In jedes Gen? Nehmen wir zum Beispiel die Produktion eines Hormons. Oder die Entwicklung eines Teils des Körpers. Kürzlich hat ein Kolloquium, in dem Genetiker zusammenkamen, die Ambitionen und Phantasien deutlich zurückgeschraubt in Bezug auf das, was man »alles ist Genetik« nennen könnte, (so wie man »alles ist Elektrik« sagt)[54]. Schauen wir dazu zunächst in die Medizin. Diabetis ist eine Familienkrankheit, und doch gibt es nicht so etwas wie ein Diabetis-Gen. Es gibt eine bestimmte Anzahl von dafür verantwortlichen Genen, die an verschiedenen Stellen verankert sind, und auf jeden Fall ist die genetische Komponente nur ein Element zur Erklärung dieser Krankheit, bei der Umwelteinflüsse von entscheidender Bedeutung sind.

Kommen wir zu unserer Domäne.

Die *manisch-depressive* Erkrankung ist eine Familienkrankheit, man muss allerdings daran zweifeln, ob man für sie je ein einziges Gen ausfindig machen wird.

Von der *Homosexualität* haben wiederum wissenschaftliche Zeitschriften fälschlicherweise behauptet, dass man das entsprechende Gen isoliert habe (ich gehe hier nicht noch einmal auf die Diskussion in Soziologie und Psychologie ein, die dadurch ausgelöst wurde).

Der Wahn »alles ist Genetik« geht soweit, ein Gen für »Kriminalität« identifizieren zu wollen.

Tatsächlich scheinen die Gene in Zeit und Raum einen begrenzten Einfluss zu haben, sie scheinen in einem plurifaktoriellen Ensemble mitzuwirken. Sie bilden unter sich keine stabile Struktur heraus, da sie oft nur nacheinander wirksam werden.

---

54 Dijon, im September 1997; vgl. den Beitrag von Bertrand Jordan: »La ›chasse aux gènes‹ – quelques enjeux et conséquences« [»Die ›Jagd nach den Genen‹. Einige Herausforderungen und Konsequenzen«; A. d. Ü.].

Ich möchte *hier ein kleines Ereignis* in Erinnerung rufen: Die Experimente mit dem Klonen und die damit verbundene große Angst vor der Herstellung von industriell am Band gefertigten identischen Individuen, die also exakt dasselbe Erbgut haben. Renommierte Genetiker mussten in den medialen Diskussionen auftreten und daran erinnern, dass solche Individuen bereits existieren: nämlich die eineiigen Zwillinge, und dass die Erfahrung zeigt, dass sie eine ganz unterschiedliche Existenz und einen ganz unterschiedlichen Lebensweg entwickeln können.

Wie steht es um die Psychoanalyse angesichts dieses gewaltigen Fortschritts in der Genetik?

Nicht gut, muss man, mit Freud, zugeben. Ich möchte kurz daran erinnern, dass Freud in dem Moment zur hereditären Hypothese zurückgekehrt ist, als er die Verführungstheorie aufgegeben hat. Und zwar unter dem Banner der *Phylogenese.* Nachdem er die an die Phantasie gebundene Sexualität, namentlich die *infantile* Sexualität, in ihrer ganzen Tragweite entdeckt hatte, wollte er unbedingt ihre Entwicklung bis zu ihrem Ursprung, ihrem Erwerb, zurückverfolgen. Sie war entweder von Natur aus zwischenmenschlich: das war die »Verführungstheorie«. Oder aber sie war ererbt (aber lange vor den Entdeckungen der Genetik. Man sagte damals »hereditär« oder »atavistisch«). Freud wird sich, wie wir wissen, der zweiten These anschließen und die Verführungstheorie aufgeben:

> »der Faktor einer hereditären Disposition [gewinnt] einen Machtbereich zurück, aus dem [ihn] zu verdrängen ich mir zur Aufgabe gestellt hatte« (Freud, 1986, S. 284).

Genau das nennt man die *phylogenetische* Hypothese. Der Terminus selbst erfährt dabei unmittelbar eine Verdrehung, da ja »phylum« von den Genetikern als eine Abfolge von Spezies verstanden wird, während Freud es auf die menschliche Spezies begrenzt, indem er detaillierte Hypothesen über die Geschichte oder die Vorgeschichte dieses Erwerbs formuliert. Den Szenen, wie sie in aktuellen Phantasien auftauchen, lägen reale vorgeschichtliche Erfahrungen zugrunde, die die Gattung gemeinsam hätte und die sich wiederholt ereignet hätten. Dies ist, wie wir wissen, mehr eine Lamarck'sche als eine Darwin'sche Hypothese.

Die Phylogenese: sie erklärt für Freud die Theorie der »Urphantasien«, Kastration, Beobachtung des elterlichen Koitus (die Urszene), Verführung usw. Diese großen Hypothesen über die Vorgeschichte und die dazugehörigen Phantasien stehen auch im Zentrum zweier Werke, nämlich *Totem und Tabu* (Freud, 1912–1913a) und *Der Mann Moses und die monotheistische Religion* (Freud,

1939a [1934–38]). Diese Texte führen die These bis zum Extrem: Sie entwickeln die Idee, dass sich der Vatermord, also letztlich der Ödipuskomplex genetisch eingeschrieben habe.

Vor dem Hintergrund dessen, was wir über die moderne Genetik wissen, können wir rundweg sagen, dass es ausgeschlossen ist, dass eine Szene, ein Handlungsablauf, eine Phantasie, kurz: ein historischer Inhalt wie der Vatermord, irgendwo auf einem besonderen Gen als Vorstellung eingeschrieben werden kann. Wir können noch mehr sagen, und zwar diesmal über den Mechanismus der Einschreibung: Mit dem Siegeszug des Darwinismus oder des modernen Neodarwinismus, ist es undenkbar, dass sich eine vorgeschichtliche Szene, selbst wenn sie wiederholt erlebt wurde, schließlich eingeschrieben hat und als Phantasie weitergegeben worden ist.

Mit der Phylogenese war die Psychoanalyse somit in eine Sackgasse geraten. Aber glücklicherweise hatte sie sich trotzdem weiterhin gefragt, wie angeborene Anlagen zustande kommen.

Sie wissen, dass die Psychoanalyse, vor allem die französische, die große Unterscheidung zwischen Trieb und Instinkt herausgearbeitet hat. Sie ist bei Freud überall gegenwärtig (*Trieb – Instinkt* [i. O. deutsch]), Strachey aber und die ganze angelsächsische Psychoanalyse haben sie in der Folge verschleiert, indem sie *Trieb* durch das englische *instinct* übersetzt haben.

Wenn man Freud folgt, zielt *Instinkt* [i. O. deutsch] auf ein

- zielgerichtetes,
- relativ feststehendes,
- ererbtes und nicht erworbenes Verhalten.

So funktionieren die Mechanismen des In-den-Mund-Nehmens der Nahrung, des Kauens und des Schluckens instinkthaft.

Trieb bezeichnet dagegen eine Kraft, die

- anfangs nicht zielgerichtet,
- von Individuum zu Individuum variabel
- und durch die individuelle Geschichte bestimmt ist.

Der Trieb par excellence ist der Sexualtrieb. Auch wenn er bei einem gegebenen Individuum unabdingbar ist, ist er doch an die Phantasie gebunden, die ihrerseits etwas ganz und gar Persönliches ist.

Diese *Unterscheidung* ist wesentlich, aber sie wird dauernd vergessen.

Die Psychoanalyse beschäftigt sich im Wesentlichen mit dem *Trieb*, mit seinem Erwerb, mit seinen Wandlungen. Aber dies bedeutet überhaupt nicht, dass wir beim Menschen den Instinkt vernachlässigen. Auf der einen Seite müssen wir anerkennen, dass es sogenannte Selbsterhaltungsinstinkte gibt, die mit dem Leben und dem Überleben zu tun haben. Ich habe eben das Schlucken angeführt. Aber das geht sehr wohl über die einfachen primären Bedürfnisse hinaus. Die primäre, unmittelbar intersubjektive, Beziehung zur Mutter ist gewiss vom Instinkt geprägt; selbst, wenn sie von der Verführung gleichsam durchdrungen und durchlöchert ist.

Aber es gibt beim Menschen nicht nur einen Selbsterhaltungsinstinkt. Es gibt auch einen sexuellen Instinkt (und nicht nur einen sexuellen Trieb). Dieses Phänomen, das an die Reifung der Sexualorgane gebunden ist, kennen wir recht gut: es ist ein im Wesentlichen hormoneller, pubertärer und präpubertärer Prozess.

Hier bedarf es nun Ihrer ganzen Aufmerksamkeit.

Es ist zu einfach zu denken, dass es zuerst das *Angeborene,* das genetisch Sexuelle, gibt *und dann noch das Erworbene*, also Veränderungen, Modulationen, manchmal auch Abirrungen des Angeborenen. Das Erworbene wäre auf der Grundlage des Angeborenen gebaut. Was klingt logischer? Die Freud'sche Entdeckung hat aber durch die Entdeckung der infantilen, *prägenital genannten*, Sexualität all das völlig durcheinandergebracht.

1) Auch wenn sie die Genitalorgane miteinbezieht, ist sie absolut nicht darauf beschränkt. Sie kann sich auf die orale, auf die anale, ja auf jede Körperzone fokussieren.
2) Sie ist nicht an ein zielgerichtetes Verhalten (den Koitus) gebunden, sondern an Phantasien, und zwar an völlig verschiedenartige Phantasien.
3) Sie ist in Bezug auf das Ziel und auf das Objekt variabel, eine Variabilität, die in den *Drei Abhandlungen zur Sexualtheorie* ausführlich dargestellt ist.
4) Sie ist in sich gespalten, anarchisch, »polymorph«.

Weder die Erscheinungsweisen noch die Entfaltung dieser infantilen Sexualität weist auf einen genetischen Determinismus. Wir können auch keinerlei hormonellen Mechanismus für die einzelnen Partialtriebe, z. B: oral oder anal, aufzeigen. Auch die Abfolge der angeblichen »Phasen« ist auf der Ebene der Beobachtung höchst fragwürdig: Umso problematischer ist es, darin eine genetisch bedingte, zeitlich festgelegte Emergenz erkennen zu wollen.

Was wir daraus schlussfolgern können, ist genau genommen erstaunlich: Innerhalb der menschlichen Sexualität und ihrer Entwicklung *folgt* das *Erworbene* nicht auf das Angeborene, sondern *geht ihm voraus.* Dies ist sehr wichtig, insbesondere für die Psychologie der Adoleszenz; denn in dem Moment, in dem der Instinkt die Szene betritt, ist das Terrain bereits völlig durch den Trieb und dessen Träger, die Phantasie, »in Beschlag genommen«. Von daher stammt der Gedanke, dass sich Trieb und Instinkt in der Pubertät erneut kreuzen. Man muss aber sagen, dass aus diesem Grund eine genetisch bedingte Komponente der menschlichen Sexualität, wie immer sie aussehen mag, davon nicht unberührt bleiben kann. Deren immense Variationen beim erwachsenen Menschen belegen dies.

Ich habe unter dem Titel »allgemeine Verführungstheorie« eine Genese der triebhaften Sexualität vorgeschlagen, die in der Beziehung zwischen Kind und Erwachsenem erworben wird. Ich werde gleich einige Worte dazu sagen, *aber vorher möchte ich von der Biologie als Ideologie sprechen.*

III

Ideologien und Mythen sind Geschichten, meist kollektiver Natur, die die Menschen sich erschaffen. Was ist ihr Ziel? Und welche Funktion haben sie? Im Rahmen der allgemeinen Verführungstheorie versuche ich genau dies: ihnen ihre Funktion zuzuweisen.

Doch zunächst soll etwas im Vordergrund stehen, das mehr mit meinem heutigen Thema zu tun hat. Ich möchte hervorheben, dass in diesen Mythen und Ideologien das Verhältnis zum Lebendigen, zum Tier, zum Tierischen eine zentrale und wesentliche Rolle spielt. Lange vor der modernen Biologie gab es einen spontanen Biologismus. Oder sollte man nicht besser von einem »Animalismus« sprechen? Gemeint ist der Bezug auf Lebewesen, besonders auf Tiere. Ich möchte einige Beispiele dafür geben, bevor ich die Funktion dieser Besonderheit skizziere.

Da ist zunächst der *Totemismus*: Ich möchte kurz in Erinnerung rufen, was mit diesem Terminus gemeint ist. Man versteht darunter die Tatsache, dass sogenannte primitive Völker sich selbst einem besonderen Tier, seltener einer Pflanze, zuordnen. Dieses Tier betrachten sie in ihren Gründungsmythen als ihren Ahnen. Sie tragen seinen Namen und identifizieren sich mehr oder weniger mit ihm. Das Tier ist Gegenstand von Riten und vor allem von unzähligen Verboten.

Die Ethnologen hat *das Phänomen des Totemismus* lange fasziniert. *Erinnert sei an die beiden wichtigsten Deutungen:* auf der einen Seite diejenige Freuds, auf der anderen diejenige von *Lévi-Strauss* und den Anthropologen.

Bei Freud wird das Totem auf den Vater zurückgeführt, den Urvater, auf seinen Mord, auf seinen Kult, auf seine Einverleibung (die Totemmahlzeit). Die totemistischen Verbote sind, in letzter Instanz, Ableitungen aus dem ödipalen Verbot. Diese Theorie berücksichtigt nicht die unzähligen Varianten des Totemismus: Sie lässt das allgemeine Verhältnis des Menschen zum *Tier* ebenso außer Acht wie sein Verhältnis zu irgendeinem besonderen Tier; schließlich und vor allem versäumt sie es, sich von der Existenz totemistischer Systeme Rechenschaft abzulegen. Denn nur selten beobachten wir ein isoliertes Totem. Die Totems bilden vielmehr Systeme unter sich …

Lévi-Strauss seinerseits schlägt den entgegengesetzten Weg ein, bis es paradox wird. Sein Werk von 1962, *Das Ende des Totemismus* [dt. 1965; A. d. Ü.], markiert das Extrem einer strukturalistischen Position, wonach der Totemismus ein »taxinomisches« Klassifikationssystem wäre, das eine gesellschaftliche Funktion innehätte. Der Totemismus wird in einem fast absoluten Nominalismus aufgelöst.

Seitdem hat Lévi-Strauss seine Position in Bezug auf diesen Formalismus beträchtlich verändert. Seine Analysen versuchen nun zu erklären, warum *dieses* Tier in Opposition oder in Verbindung zu *jenem* anderen steht. Sicher geht es immer darum, Ordnung herzustellen. Aber Lévi-Strauss geht weiter: Die Mythen, so schlägt er in *Die eifersüchtige Töpferin* (und der Totemismus steht damit in Zusammenhang) vor, hätten die Funktion, »die intellektuelle Unruhe und gegebenenfalls die existentielle Angst« zu mildern (Lévi-Strauss, 1987, S. 275).

Uns bleibt die Aufgabe, diese *universelle Präsenz des Tieres* als Bezugspunkt für den Menschen herauszustellen. Sowohl Freud als auch Lévi-Strauss haben nur unzureichend gewürdigt, dass der Bezug zur Bestie [*bête*], zum Tier als Bestie, quasi universell ist. Schon das *griechische Universum* situiert den Menschen zwischen Bestie und Göttlichem und räumt gleichzeitig ein, dass die Götter die Form einer Bestie annehmen müssen, um ihre Untaten zu vollbringen. Für die Griechen ist die Bestie sexuell. Zeus nimmt die Form des Stieres oder des Schwans an, um seine Geliebten zu verführen. Die Bestie ist sexuell, aber auch grausam: Der *Minotaurus* missbraucht seine jungen Opfer, bevor er sie verschlingt. Er versteckt sich in der hintersten Ecke seiner Höhle. Daraus folgt fast zwangsläufig der Gedanke, dass das Tier *in der hintersten Ecke des Menschen* haust. Für Platon verkörpern die »Leidenschaften« den tierhaften und tierischen Unterbau unserer Natur.

Uns näher steht der Wolf. Wir kennen Hobbes' berühmte Formel »homo homini lupus«, die uns daran erinnert, dass der Mensch zu allen Grausamkeiten fähig ist. Ich habe an anderer Stelle zu zeigen versucht (Laplanche, 1996), dass diese Formel eine Ideologie transportiert. Der Wolf, *der reale Wolf*, ist weder grausam zum anderen Wolf noch zu seinen Opfern noch zum Menschen. Bis auf wenige Ausnahmen ist Grausamkeit nicht Teil der Natur des Tieres. Aber der Mensch hat sich einen Mythos vom tierischen und bestialischen Wesen geschmiedet, dem selbst Freud nicht entgeht. Da wo wir am triebhaftesten und grausamsten sind, sind wir wie das Tier. Ein Leviathan.

Der Mensch ist manchmal eine verdorbene und sexuelle Bestie (und nicht nur ein einfaches Lebewesen). Er ist oft ein grausamer Leviathan; und noch öfter ist er beides. Aber diese Verbindung zum Tier ist rein ideologisch: sie ermöglicht es uns, uns von unserem Unbewussten zu entlasten, indem wir es dem Nicht-Menschlichen in uns, dem sogenannten »Vormenschlichen« zuschreiben, das in unserem Innersten lauern würde. Doch in Wirklichkeit ist es ja der Mensch, der dieses nicht-menschlich Bestialische, dieses *Es*, in sich geschaffen hat.

Ich muss unbedingt noch ein anderes Beispiel für diesen Bezug auf die Welt des Lebendigen nennen. Ich meine den »Kastrationskomplex«, wie ihn Freud entdeckt und systematisiert hat. Ich möchte gleich am Anfang sagen, dass Freud uns einen Bären aufbindet in einer Folge von Paralogismen, in denen er sich schließlich selbst verheddert. Die eigentliche Basis des Kastrationskomplexes – die Idee, dass der Ursprung der Geschlechterdifferenz auf das Wegfallen des Penis zurückzuführen sei –, die Idee, dass die Frau kastriert ist – wird zunächst an die *Anatomie* gekoppelt, nämlich in dem berühmten Satz: »Die Anatomie ist das Schicksal«. Diese Idee wird wie folgt begründet: »der morphologische Unterschied muß sich in Verschiedenheiten der psychischen Entwicklung äußern« (Freud, 1924d, S. 400). Also ein Bezug nicht auf die sexuelle Physiologie, sondern auf die beschreibende Morphologie.

Schon für sich selbst genommen wäre dieser sogenannte Bezug auf das anatomisch-morphologische »Schicksal« zu kritisieren, denn es handelt sich um eine *falsche* Anatomie, sie ist visuell und an die Merkmale des menschlichen Habitus geknüpft. Tatsächlich weiß jeder, auch ohne grundlegende biologische Kenntnisse, dass das weibliche Tier, genauso wie das männliche, sichtbare äußere Genitalorgane hat. Beim Menschen verhält es sich allerdings anders: Wegen seines aufrechten Gangs sind die weiblichen äußeren Genitalorgane verborgen, dadurch entsteht, gerade für das Kind, die Illusion, dass es sie nicht gibt und dass der Unterschied zwischen beiden Geschlechtern darin besteht, dass das eine mit und das andere ohne Geschlecht ist.

Und so kommt es, dass dieses Märchen von einer ursprünglichen Theorie für Freud plötzlich den Wert einer unerschütterlichen wissenschaftlichen biologischen Tatsache gewinnt. In »Die endliche und die unendliche Analyse« stellt er für das Ende der Analyse bei beiden Geschlechtern ein und dasselbe unüberwindbare Hindernis fest, nämlich die Ablehnung der Kastration. Er glaubt sogar, in der Kastration den *gewachsenen Fels* [i.O. deutsch] gefunden zu haben, den Urfelsen oder felsigen Sockel, an dem die Analyse nicht vorbeikommt. Und, wenn er für diesen »Felsen« auf wissenschaftliche biologische Erkenntnisse verweist, dann geschieht das ohne jede Scham:

> »Die Ablehnung der Weiblichkeit kann ja nichts anderes sein als eine biologische Tatsache, ein Stück jenes großen Rätsels der Geschlechtlichkeit« (Freud, 1937c, S. 99).

Und wenn Freud von »Biologie« spricht, ist die mythische Phylogenese nicht weit.

Man sollte also diesem angeblichen Rekurs auf die »biologische Wissenschaft« nicht trauen; er knüpft in der Tat an das an, was ich den spontanen »Animalismus« des menschlichen Wesens nenne. Dieser Animalismus ist Ideologie und Mythos. Theorie ist er nur in dem Sinne, in dem Freud von »infantilen Sexualtheorien« spricht. Jahrtausende bevor die Biologie, die Wissenschaft vom Leben, entstanden ist, gibt es beim Menschen einen mythischen, philosophischen, in Wirklichkeit aber ideologischen Bezug auf die Ordnung des Lebendigen, auf das Tier, auf Tierisches und auf Bestialisches.

Welche Funktion hat diese Zunahme an Ideologien, die sich auf ein »Lebendiges« bezieht, ohne jede wissenschaftliche Basis? Hier nun können wir uns zur Klärung auf meine »allgemeine Verführungstheorie« stützen. In aller Kürze: sie ist die Reaktion des Kindes auf das Trauma, das die vom Erwachsenen erhaltenen Botschaften (in Worten, aber auch in Verhaltensweisen) bei ihm ausgelöst haben: ungefilterte Botschaften von unbewusster Sexualität getränkt, die in diesem Sinne rätselhaft sind. Freud hat für zwei im Wesentlichen *biologistische* »Theorien« des Kindes aufgezeigt, wie ihre Funktion in der *Bindung des Rätsels besteht*: für die Kloakentheorie und für die Kastrationstheorie. Zwei völlig falsche Theorien: die Geburt der Kinder via Anus – der Ursprung der Geschlechterdifferenz in der Kastration (Freud, 1908c).

Diese Theorien – oder Ideologien – sind unverzichtbar, allerdings weigern wir uns, ihnen die illusorische und schwülstige Würde zuzugestehen, wie dies der Lacanismus unter dem metaphysischen Titel des »SYMBOLISCHEN« (natürlich mit großem S!) zu tun behauptet. Sie sind Übersetzungskodes, die dem Kind, dem Säugling in seinem kulturellen Universum zur Verfügung stehen, um ihm die Möglichkeit zu geben, die Botschaften des Erwachsenen mehr schlecht als recht zu übersetzen. Bei dieser Übersetzung bleibt ein Rest: Dieser nicht durch die Symbolisierung gebundene Rest ist ebendieses verdrängte Unbewusste, genau das, was die Quelle des Triebhaften verkörpert. Es gibt somit »Theorien«, falsche, sehr alte Theorien, die einen biologischen Anstrich haben, wenn sie den Menschen zur Welt des Lebendigen in Bezug setzen. Was sie zu bewältigen versuchen, ist nicht der sexuelle Instinkt, sondern das triebhafte Sexuelle, also dasjenige, was die Beziehung zwischen Kind und Erwachsenem durchtränkt, die scheinbar unschuldigen Botschaften, die dem Kind vom Erwachsenen geschickt werden. Der Totemismus, der Kastrationsmythos, der Mythos des Urtieres in uns: weit davon entfernt Quellen der Angst zu sein, sind sie vielmehr Werkzeuge zur Bewältigung der Angst.

Hier nun sollte ich auf den Ödipuskomplex zu sprechen kommen. Weil man es nicht wagt, sich auf die vorgeschichtliche (dann atavistische) Realität der Urhorde und des Vatermordes einzulassen, versucht man seine »Universalität« auf zwei Grundlagen zu stellen, nämlich einerseits auf eine anthropologische und andererseits auf eine biologische Grundlage.

Die anthropologische Grundlage würde mit Lévi-Strauss und seinen Nachfolgern an das Gesetz menschlichen Austauschs, an Beziehungen zwischen Gruppen, an notwendige Unterschiede zwischen den Geschlechtern und den Generationen anknüpfen. Für das Inzestverbot wird somit eine Erklärung strukturalistischen Typs angeboten. An diesen anthropologischen Beschreibungen ist nichts auszusetzen – höchstens, dass sie die extreme Variabilität derjenigen Systeme zeigen, die Verwandtschaft strukturieren. Ein grundlegendes Element des Ödipuskomplexes, der angebliche Vatermord, tritt hier nicht in der von Freud postulierten Universalität in Erscheinung. In Bezug auf den Inzest ist aus anthropologischer Sicht zu sagen, dass der Inzest zwischen Sohn und Mutter oder Vater und Tochter nicht so wichtig erscheint wie das Verbot, das sich auf die Gruppe der Brüder und Schwestern bezieht.

Da manche dieses einzigartige, universelle Schema des Ödipus nicht in der Anthropologie angetroffen haben, haben sie geglaubt, die Grundlagen für diese Universalität in der modernen Biologie finden zu können. Die Vereinigung der Geschlechtszellen, das Schema der »doppelten Spirale«, die Fusion des Erbguts von zwei genetischen Individuen werden als biologische Grundlage des Ödipus ins Spiel gebracht, als ob es auch nur die geringste Beziehung zwischen dem sehr verbreiteten (aber nicht universellen) Phänomen der geschlechtlichen Fortpflanzung und dem zweifachen Verbot des Inzests und des Vatermordes gäbe. Es wäre einfach, wenn auch ein wenig langatmig, die Fehlschlüsse einer solchen Annäherung zwischen Ödipus und der modernen Biogenetik darzulegen. Lassen Sie mich nur Folgendes vorschlagen: Man gibt vor, Ödipus, den »Mann mit dem Schwellfuß«, beidfüßig (wenn ich das so sagen darf) mittels der Anthropologie und Biologie zum Laufen zu bringen. Doch es zeigt sich, dass der »biologische« Fuß, die genetische Referenz, in diesem Fall durch und durch mythisch ist, so dass

Ödipus hinkt, weil er nur auf einem Fuß, dem anthropologischen, also wie ein Einbeiniger, läuft.

Lange vor jeder modernen Genetik hat sich der Mensch immer wieder auf den Mythos des Lebendigen bezogen und sich daran angeklammert. Bevor die Genetik entstanden ist, gab es, ganz einfach, die *Genesis* = das erste Buch der Bibel.

Insbesondere die Genesis hat den Gedanken aufgebracht, dass die geschlechtliche Vereinigung notwendigerweise den prägenden Einfluss eines Elternpaares bedeutet. Unter anderem in *der Erzählung über Noah.* Welche Art von Unordnung sollte die Sintflut beenden? Ich zitiere (Gen. 6,1f.):

> »Als aber die Menschen sich zu mehren begannen auf Erden und ihnen Töchter geboren wurden, da sahen die Gottessöhne, wie schön die Töchter der Menschen waren, und nahmen sich zu Frauen, welche sie wollten.«

Mit einem Wort: was bedrohlich ist, ist die Sexualität ohne feste Paare und ohne Unterscheidung der Generationen. Darauf folgt dann der Bau der Arche Noah (Gen. 7,7): Alle Tiere kamen mit Noah

> »paarweise, je ein Männchen und Weibchen, wie ihm Gott geboten hatte« (Gen. 7,9).

Dies ist die berühmte Szene, von Walt Disney illustriert, Herr und Frau Elefant, Herr und Frau Schlange, und ungeachtet jeder Wahrscheinlichkeit, wenn man das Leben der Insekten kennt, Herr und Frau Fliege.

Was ich betonen möchte, ist, wie sehr der Mensch, auch hier, einen rein mythischen Blick auf das Reich des Lebendigen einsetzt, um dem Triebhaftem, *seinem eigenen Triebhaften* Einhalt zu gebieten, es zu binden.

Der Mensch kann den materiellen Zwängen nicht entgehen. Zugleich führt seine ganze Geschichte zu einer Befreiung von dieser Ordnung des Lebendigen. Und als wäre er über diese Befreiung selbst erschrocken, hat er immer schon einen Diskurs über die Welt des Lebendigen (eine »Bio-logie«) entwickelt, lange vor jeder modernen Biologie. Dieser bio-ideo-logische Bezug ist weit davon entfernt, am Ende zu sein. Zu jedem Problem der Menschheit wird das Leben und nicht der Mensch als Bezugsgröße herangezogen.

Man spricht mehr und mehr von »Bio-ethik«, als ob man eine Moral ziehen könnte aus dem Leben. Sogar die christliche Religion bezieht sich neuerdings lieber auf die »Rechte der Lebewesen« als auf die Gebote ihres Gründers ...

Aus Gründen der Klarheit möchte ich meinen Vortrag des heutigen Abends noch einmal resümieren:

Biologie und Psychoanalyse. Dieser Dialog hat nichts Besonderes, was ihn von dem ewigen Dialog zwischen der Wissenschaft des Körpers und der Wissenschaft des Psychischen unterscheiden würde. Allerdings kann man versuchen die Missverständnisse zu beheben, die aus der Psychoanalyse einen privilegierten Gesprächspartner der Neurowissenschaften machen wollen.

Genetik und Psychoanalyse. Die Diskussion hat sich tatsächlich völlig gewandelt dank der modernen Genetik, die die Hoffnungen der Freud'schen »Phylogenese« zunichte gemacht hat. Aber die Genetik des Sexuellen muss mit diesem Paradox konfrontiert werden, das die Verführungstheorie herausgearbeitet hat: Beim Menschen, in der Geschichte des Individuums ist das Erworbene *vor* dem Angeborenen da – und zwar wegen des frühen Kontakts des Menschenkindes mit der Sexualität des Erwachsenen.

Schließlich hat die Psychoanalyse sehr viel zu sagen über die ewige Gier der Menschen nach *Ideologien des Lebens*. Und ebenfalls viel zu sagen hat sie über die psychische Funktion dieser Ideologien, nämlich einen ursprünglich anarchischen sexuellen Trieb zu binden und zu begrenzen.

Bibliografie

André, J. (1991). La sexualité féminine, retour aux sources. *La Psychanalyse à l'Université, 16*(62), 5–50.

Anzieu, D., Laplanche, J. & Widlöcher, D. (1984). *La pulsion pour quoi faire?* Paris: APF.

Anzieu, D. & Tarrab, G. (1986). *Une peau pour les pensées. Entretiens de Didier Anzieu avec Gilbert Tarrab sur la psychologie et la psychanalyse.* Paris: Clancier-Guénaud.

Azar, A. (1991). La malédiction des pharaons pèse-t-elle sur les psychanalystes? *L'Évolution psychiatrique, 56*(1), 177–187.

Berman, A. (1984). *L'épreuve de l'étranger. Culture et traduction dans l'Allemagne romantique: Herder, Goethe, Schlegel, Novalis, Humboldt, Schleiermacher, Hölderlin.* Paris: Gallimard.

Bourguignon, A., Cotet, P., Laplanche, J. & Robert, F. (1989). *Traduire Freud.* Paris: Presses Universitaires de France.

Chertok, L. (1992). *L'énigme de la relation au cœur de la médecine.* Paris: Laboratoires Delagrange.

Colette (2000 [1919]). *Mitsou,* neu übersetzt von Alexandra Auer. München: Süddeutsche Zeitung.

Dayan, Maurice (1980). *L'arbre des styles.* Paris: Aubier-Montaigne.

Ferenczi, S. (1964 [1913]). Entwicklungsstufen des Wirklichkeitssinns. In ders., *Bausteine zur Psychoanalyse I* (S. 62–83), Frankfurt a. M. u. a.: Ullstein.

Ferenczi, S. (2004 [1933]). Sprachverwirrung zwischen den Erwachsenen und dem Kind. Die Sprache der Zärtlichkeit und der Leidenschaft. In ders., *Schriften zur Psychoanalyse II* (S. 303–313). Gießen: Psychosozial-Verlag.

Freud, S. (1895d [1893–95]). *Studien über Hysterie. GW I,* S. 75–312 ohne Breuers Beiträge.

Freud, S. (1905d). *Drei Abhandlungen zur Sexualtheorie. GW V,* S. 27–145.

Freud, S. (1906a). Meine Ansichten über die Rolle der Sexualität in der Ätiologie der Neurosen. *GW V,* S. 147–159.

Freud, S. (1908c). Über infantile Sexualtheorien. *GW VII,* S. 171–188.

Freud, S. (1910c). *Eine Kindheitserinnerung des Leonardo da Vinci. GW VIII,* S. 127–211.

Freud, S. (1911c). Psychoanalytische Bemerkungen über einen autobiographisch beschriebenen Fall von Paranoia (Dementia paranoides). *GW VIII,* S. 239–320.

Freud, S. (1912–1913a). *Totem und Tabu. GW IX.*

Freud, S. (1912d). Über die allgemeinste Erniedrigung des Liebeslebens. *GW VIII,* S. 78–91.

Freud, S. (1912f). Beiträge zur Onaniediskussion: »Zur Einleitung« und »Schlusswort«. *GW VIII,* S. 332–345.

Freud, S. (1914c). Zur Einführung des Narzißmus. *GW X*, S. 138–170.

Freud, S. (1915a [1914]). Bemerkungen über die Übertragungsliebe. (Weitere Ratschläge zur Technik der Psychoanalyse III). *GW X*, S. 306–321.

Freud, S. (1915c). Triebe und Triebschicksale. *GW X*, S. 209–232.

Freud, S. (1916–17). *Vorlesungen zur Einführung in die Psychoanalyse. GW XI.*

Freud, S. (1917e). Trauer und Melancholie. *GW X*, S. 428–446.

Freud, S. (1920g). *Jenseits des Lustprinzips. GW XIII*, S. 1–69.

Freud, S. (1923a). »Psychoanalyse« und »Libidotheorie«. *GW XIII*, S. 209–233.

Freud, S. (1923b). *Das Ich und das Es. GW XIII*, S. 237–289.

Freud, S. (1924d). Der Untergang des Ödipuskomplexes. *GW XIII*, S. 395–402.

Freud, S. (1926d [1925]). *Hemmung, Symptom und Angst. GW XIV*, S. 111–205.

Freud, S. (1937c). Die endliche und die unendliche Analyse. *GW XVI*, S. 59–99.

Freud, S. (1939a [1934–38]). *Der Mann Moses und die monotheistische Religion. GW XVI*, S. 103–246.

Freud, S. (1940a). Abriß der Psychoanalyse. *GW XVII*, S. 63–123 ohne das Vorwort; *GW Nachtragsband*, 749 nur das Vorwort.

Freud, S. (1950c [1895]). Entwurf einer Psychologie. *GW Nachtragsband*, S. 387–486.

Freud, S. (1972). Sexualleben. *Studienausgabe, Bd. V.* Frankfurt a. M.: Fischer.

Freud, S. (1986). *Briefe an Wilhelm Fließ 1887–1904.* Ungekürzte Ausgabe. Hrsg. v. J. M. Masson, Bearbeitung der dt. Fassung v. M. Schröter, Transkription v. G. Fichtner. Frankfurt a. M.: Fischer.

Green, A. (1972). Cannibalisme: réalité ou fantasme agi. *Nouvelle Revue de Psychanalyse, Destins du cannibalisme, 6*, 27–52.

Isaacs, S. (2016). Wesen und Funktion der Phantasie (Aus dem Archiv der Psychoanalyse) (engl. Original 1948; frz. Übersetzung 1966). *Psyche, 70*(6), 530–582.

Jaffrin, S. (1991). Repenser Freud: Rencontre avec Jean Laplanche, *Sciences humaines, 10*, 32–35.

Lacan, J. (2015). *Schriften* II. Vollständiger Text, aus dem Französischen von Hans-Dieter Gondek. Wien, Berlin: Turia + Kant.

La Fontaine, J. de (1992). *Sämtliche Fabeln*, hrsg. v. Grandville & E. Dohm. München: Artemis & Winkler.

Lanouzière, Jacqueline (1991). *Histoire secrète de la séduction sous le règne de Freud.* Paris: PUF.

Laplanche, J. (1980a). *Problématiques I: L'angoisse.* Paris: Presses Universitaires de France.

Laplanche, J. (1980b). *Problématiques II: Castration – symbolisations.* Paris: Presses Universitaires de France.

Laplanche, J. (1980c). *Problématiques III: La sublimation.* Paris: Presses Universitaires de France.

Laplanche, J. (1981). *Problématiques IV: L'inconscient et le ça.* Paris: Presses Universitaires de France.

Laplanche, J. (1987). *Problématiques V: Le baquet – transcendance du transfert.* Paris: Presses Universitaires de France.

Laplanche, J. (1996). Der sogenannte Todestrieb: ein sexueller Trieb. Übers. v. Sybille Drews. *Zeitschrift für psychoanalytische Theorie und Praxis, 11*, 10–26.

Laplanche, J. (2005 [1992]). *Die unvollendete kopernikanische Revolution in der Psychoanalyse. Arbeiten von 1967 bis 1992*. Übers. v. Udo Hock. Gießen: Psychosozial-Verlag.

Laplanche, J. (2008 [1971]), Dérivation des entités psychanalytiques. In ders., *La révolution copernicienne inachevée*. Paris: Presses Universitaires de France, S. 107–124.

Laplanche, J. (2011 [1987]). *Neue Grundlagen für die Psychoanalyse*. Übers. v. H.-D. Gondek. Gießen: Psychosozial-Verlag.

Laplanche, J. (2014 [1970]). *Leben und Tod in der Psychoanalyse*. Übers. v. P. Stehlin, neu bearb. v. J.-D. Sauvant. Gießen: Psychosozial-Verlag.

Laplanche, J. (2017 [1988]). *Die allgemeine Verführungstheorie und andere Aufsätze*. Aus dem Französischen von Gunter Gorhan.Frankfurt a. M.: Brandes & Apsel.

Laplanche, J. & Pontalis, J. B. (1972 [1967]). *Das Vokabular der Psychoanalyse*. Übers. v. E. Moersch. Frankfurt a. M.: Suhrkamp.

Lévi-Strauss, C. (1987 [1985]). *Die eifersüchtige Töpferin*. Übers. v. H.-H. Henschen. Nördlingen: Greno.

Lévi-Strauss, C. (2017 [1962]). *Das Ende des Totemismus*. Aus dem Französischen übersetzt von H. Naumann. Frankfurt a. M.: Suhrkamp.

Maïdani-Gérard, J. P. (1983). Santa Anna Metterza: Léonard de Vinci et Freud. *Psychanalyse à l'Université, 8*(32), 591–631.

Mendel, G. (1988). *La psychanalyse revisitée*. Paris: La Découverte.

Nunberg, H. & Federn, E. (Hrsg.). (2008 [1976–1981]). *Protokolle der Wiener Psychoanalytischen Vereinigung*. 4 Bde. Gießen: Psychosozial-Verlag. [= Fischer 1981].

Rosolato, G. & Widlöcher, D. (1958). Karl Abraham, lecture de son œuvre. *La psychanalyse 4*, 153–178.

Viaud, G. (1959). *Les instincts*. Paris: Presses Universitaires de France. *coll. »Que sais-je?«*.

Jean Laplanche

Sexual

Eine im Freud'schen Sinne erweiterte Sexualtheorie

2017 · 277 Seiten · Broschur
ISBN 978-3-8379-2301-8

Jean Laplanche gehört zu den renommiertesten und einflussreichsten französischen Psychoanalytikern. Mit seiner Allgemeinen Verführungstheorie, die er in seinen Vorlesungen an der Université Paris VII zwischen 1970 und 1993 entwickelte, legte er den womöglich letzten großen Entwurf vor, um der Psychoanalyse ein gemeinsames Fundament zu schaffen.

Jean Laplanche setzte sich Zeit seines Lebens für eine Erneuerung und Weiterentwicklung der Freud'schen Psychoanalyse ein. Dabei stellte er den Freud'schen Begriff einer »erweiterten« Sexualität ins Zentrum seiner Theoriebildung. Der französische Neologismus »sexual« soll genau diese Freud'sche Erweiterung sichtbar machen und betonen, dass das Unbewusste von der Sexualität nicht zu trennen ist.

Das vorliegende Buch versammelt in chronologischer Abfolge die Aufsätze, die Laplanche in seiner letzten intellektuellen Schaffensperiode zwischen 2000 und 2006 verfasst hat. In diesen Texten geht Laplanche von seiner Allgemeinen Verführungstheorie aus, die er bis zu seinem Lebensende weiterentwickelt hat, und beleuchtet damit so unterschiedliche Fragestellungen wie etwa das Verhältnis von Trieb und Instinkt, das psychoanalytische Verständnis des Sexualverbrechens, die Gendertheorie oder die Stellung der Psychoanalyse an der Universität.